有诗情，有诗意，
寻常饭菜也能隆重热烈，
也能让人历久不忘

宋代诗词里的饮食

杯盘碗盏溢诗情

韩希明 著

北京联合出版公司
Beijing United Publishing Co.,Ltd.

卷首语

杯盘碗盏溢诗情

在中国文学史上，唐诗宋词是高峰。

唐诗恢宏，峻拔，气吞山河。宋词婉约，秀美，浅吟低唱。

那么，宋诗呢？

宋诗，清雅，理致，贴近生活。

在中国饮食史上，宋代饮食攀登高峰，宴饮，小吃，琳琅满目，令人馋涎欲滴。宴饮，隆重热烈，有着强烈的仪式感，推杯换盏之间，便于交流感情；碗碟琳琅面前，可以大快朵颐，满足口腹之欲。

那么，普通人家的日常饭食呢？

其实，寻常饭菜也能隆重热烈，也能让人历久不忘，也能促进感情，也能吃得撑肠拄肚。只需有诗情，有诗意。

宋代饮食诗词，记录了种种美味，令人回味。寻常的食材，到了诗人笔下，就有了不同寻常的意义。

宋代饮食诗词，描绘了一幅幅餐食场景，让人在回味时再次享受视觉大餐。

这本小书，汇集了过往的岁月里，宋朝诗人们所食、所思、所感，还有相关的回想。

在这本小书里，有些名字反复出现：司马光、欧阳修、王安石、梅尧臣、苏轼、陆游、杨万里……他们大多用诗词记录了自己最平常的饭菜。他们专心品尝日常饭菜里最本真的味道，将丰富而真实的生活滋味传达给了后世的读者。许多艰苦的日子里，只有粗粝的食材，甚至缺油少盐，可是他们用旺盛的生活热情之火，点燃了蓬勃的生活智慧，他们用心琢磨烹饪方法，做成了享有盛名的名菜、名点、名饮，穿越千年，鲜香至今。他们把饥寒交迫的生活窘境，转换成了饭香菜美、有温度的诗意仙境。也正是这些有学术含量的饭菜羹汤，再加上有高尚审美取向的诗词，使得原本贫瘠的生活有了滋养，他们的生命，也因此增加了长度和厚度。

诗在远方，诗也在厨房；关于饮食的一首首宋代小唱，有着不同寻常的营养。

愿您喜欢。

目录

时令饮食月月享

春

夏

秋

冬

时令饮食月月享

春

剪竹缠金大于掌，红缕龟纹挑作网。

琼酥点出探春诗，玉刻小书题在牓。

名花杂果能眩真，祥兽珍禽得非广。

磊落男儿不足为，女工余思聊可赏。

裁红剪翠馔春盘

春盘，宋代人的新年第一道大餐，名气很大，名头听起来也很雅。

春盘到底是一道什么菜？狭义的“春盘”，是用面烙出盘子形状的圆饼，上面放生菜、春饼等，表示迎春和祝福。早年间，春盘叫五辛盘，据《荆楚岁时记》记载，正月初一，如姜夔《鹧鸪天》所云：“柏绿椒红事事新。”男女老少都穿着正装团拜，依次拜过年后，又逐一向祖先和家里长辈进椒柏酒，大家一起饮桃汤，按照从年幼到年长的顺序饮屠苏酒，然后吃麦芽糖，吃五辛盘。五辛盘的内容，按照道教的说法，是大蒜、小蒜、韭菜、芸薹和胡荽。后来，用“椒盘”“青丝韭”代指“五辛盘”，吃五辛盘的日子移到了立春。到宋代，春盘已经是荤素搭配、精整细致的时鲜菜，还有最佳搭档春饼。刘克庄《立春七首》有诗句：“独有脾神无恙在，饼如筛大菜如丝。”说得很有趣，说自己身体不如以往，酒量不行了，食欲倒是还很不错。他形象描绘了春饼大得像筛子，而生菜却切得如丝一般纤细。春盘上的生菜必须是应时蔬菜，“菜丝生叶落雕盘”（强至《立春二首》），而且总是切得很细，“菜细簇花宜薄饼”（陆游《立春》）。因而这些菜又常常被称为丝菜：“丝菜落盘随玉手，镂花垂胜压金翘”（强至《立春》）。

方岳《春盘》诗云：

莱菔根松缕冰玉，蒌蒿苗肥点寒绿。
霜鞭行茁软于酥，雪树生钉肥胜肉。
与吾同味蘋丝辣，知我长贫韭俎熟。
更蒸豚压花层层，略糁凫成金粟粟。
青红饾饤映梅柳，紫翠招邀醉松竹。
擎将碧脆卷月明，嚼出宫商带诗馥。

春盘有玉色的萝卜、碧绿的蒌蒿嫩芽，爽脆幼嫩，口感丰富；有红蘋菜和韭黄，又香又辣；甚至还有蒸熟的猪肉切成薄片，一起搅拌之后，春盘有红有绿，还有金灿灿的星星点点。用又薄又脆的春饼把这些菜卷起来，一口咬下去，嚼出来的声音像是音乐，还带着诗香。

宋代春盘的时鲜蔬菜品种，有传统的韭菜，“呼童翦韭，和冰先荐春盘”（陈允平《红林檎近 · 寿词满路花》），“翠柏红椒，细剪青丝韭”（黎廷瑞《蝶恋花·元旦》）；韭菜总是领衔主演，“渐觉东风料峭寒，青蒿黄韭试春盘”（苏轼《送范德孺》）。蓼芽堆春盘的也居多，“蓼牙疏甲簇春盘”（梅尧臣《王乐道太丞立春早朝》），“雪沫乳花浮午盏，蓼茸蒿笋试春盘。人间有味是清欢”（苏轼《浣溪沙》）。还有用荠菜堆春盘的，“初信东风入采幡，自挑雪荠饤春盘”（方岳《立春》）。总之，“蓼芽蔬甲簇青红”（陆游《立春前七日闻有预作春盘邀客者戏作》），韭菜、萝卜、春笋、蒌蒿、水芹、荠菜，等等，青、黄、白、红，一簇鲜灵的清新色彩，一种爽脆清鲜的口感，一份真诚浓厚的期盼。

梅尧臣有首诗，诗题很长：《余之亲家有女子能点酥为诗并花果麟凤等物一皆妙绝其家持以为岁日辛盘之助余丧偶儿女服未除不作岁因转赠通判通判有诗见答故走笔酬之》，意思是说，我的亲家家里有个巧手女子，会在春盘上用酥做成诗，还会做花朵、果子、麒麟、凤凰形状的酥油鲍螺（相当于现在奶油蛋糕上的造型），非常精妙。但是我的妻子去世了，儿女都在服孝，不能庆贺春节，所以就把亲家送来的漂亮春盘转送给通判，通判收下后写诗作为答谢，所以我写了下面这首诗作为酬答。梅尧臣原诗如下：

剪竹缠金大于掌，红缕龟纹挑作网。
琼酥点出探春诗，玉刻小书题在牓。
名花杂果能眩真，祥兽珍禽得非广。
磊落男儿不足为，女工余思聊可赏。

从梅尧臣的诗来看，这个春盘俨然是一件精美的艺术品。

春饼，是烙得薄薄的面饼。“玉盘生菜乱青丝，三岁公家吃春饼”（章甫《春日呈韩丈》）。吃春盘，就是吃生菜和春饼，这是历年惯例。立春时节，“择蔬翻饼闹残更，儿女喧喧短梦惊”（范成大《立春枕上》）。天还没有亮，家人就择菜做饼，孩子们闹闹嚷嚷，过节的气氛浓郁。“儿妇晓翻饼，呵手把一杯”（范成大《立春大雪，招亲友共春盘，坐上作》），一边是女人们灵巧地在锅里烙饼，一边是男人用热气呵呵手喝酒，一边热气腾腾，一边笑语盈盈。“晓院帘帏卷，春盘饼饵香”（刘子翚《次韵张守立春》）。天刚亮，拉开帘帷，缕缕饼香就扑面而来。为了这顿新春大餐，准备工作往往提前，从隔年的腊月就开始：

今冬少霜雪，腊月厌重裘。
渐动园林兴，顿宽薪炭忧。
山陂泉脉活，村市柳枝柔。
春饼吾何患，嘉蔬日可求。（陆游《腊月》）

一个暖冬，给诗人带来了很多快乐。天气不那么冷，就是腊月里也不用穿厚厚的毛皮大衣。不那么冷，就可以到树林里去砍樵，顿时就不用为柴草不够烧而担忧。山坡旁泉水汩汩流淌，村上街旁柳条轻柔摇曳。最重要的是，暖冬里蔬菜长得又多又好，吃春盘时，春饼可卷的品种很多，当天就能备足了！

“盘蔬杯酒，强教人欢领。也微酣、带些春兴”（陈著《卖花声・立春酒边》）。就着春饼时蔬，喝着迎春酒，喝到微醺的时候，原先的郁闷就一扫而空了。如果春盘能和家人一起吃，“今岁春盘始住家，也胜羁旅走天涯”（刘克庄《立春二首》），团圆的快乐使大餐更增鲜添香。

新春大餐可以说是冷餐会，如果不是自己准备的，不是和家人一道吃，这顿冷餐就真的坐实了。杨万里《郡中送春盘》诗云：

饼如茧纸不可风，菜如缥茸劣可缝。
韭芽卷黄苣舒紫，芦菔削冰寒脱齿。
卧沙压玉割红香，部署五珍访诗肠。
野人未见新历日，忽得春盘还太息。
新年五十柰老何？霜须看镜几许多。
曲生嗔人不解事，且为春盘作春醉。

春饼薄薄的，就像育蚕用的蚕纸；生菜切得很细，量也不够多，勉强可以塞牙缝；韭黄、蓼芽、莴苣，黄的黄、紫的紫、绿的绿，看着挺漂亮；可是萝卜像是削下来的冰，简直能把牙冻掉。这样的春盘五颜六色，这样的五样春菜牵动诗情。一直在朝廷之外，没有及时见到新的历书，不知道具体的日期，忽然得到了送来的春盘，不由得感慨叹息。过了新年就五十岁了，人老了，镜子里看到自己新添了好多白发。唉！连酒糟也要怪这个人太不懂事了，就着这个春盘，为春天干一杯吧！过一个新春，年纪又大了一岁，向老又跨了一步啊！陆游则乐观豁达得多，他这样说："春盘春酒年年好，试戴银幡判醉倒。今朝一岁大家添，不是人间偏我老。"（《木兰花·立春日作》）春盘春酒年年都是醇香醉人，立春日，头上戴幡胜，表明人间众生到今日都长一岁，绝不是只有我一个人老了。痛饮一番，在斜阳下醉倒！

春盘色彩缤纷，春盘的滋味五味杂陈，且品且珍惜。

要底圆儿糖上浮

圆子，宋代上元节的一种时令食品，诗人周必大作《元宵煮浮圆子前辈似未尝赋此坐间成四韵》诗云：

> 今夕知何夕，团圆事事同。
> 汤官寻旧味，灶婢诧新功。
> 星灿乌云里，珠浮浊水中。
> 岁时编杂咏，附此说家风。

汤官，专门负责安排皇帝面食的官，而且主要是管面片汤之类的，早在《汉书·百官公卿表》中就有“汤官”这个职位了。在宫廷御膳房里还是按往年的惯例做片儿汤，普通人家的做饭丫头却把元宵节的饭食做出了新花样。打开锅盖，看到的好比是沉沉乌云中的星光点点，闪闪烁烁，银白的珠子在浑汤里上下浮沉，这真是值得记载下来的一件大事。

周必大咏赞的“圆子”，就是后代所说的“元宵”“汤圆”，《岁时杂记》卷十一：“京人以绿豆粉为科斗羹，煮糯为丸，糖为臛，谓之圆子。”在锅里的水沸腾之后投入，生的圆子沉在水底，煮熟后浮上水面，时间久了，又在锅里半沉半浮，所以，宋代人又叫“浮圆子”。宋代的元宵大多是实心的，无馅，人们常把元宵与白糖、蜜枣、桂花、桂圆等放在一起煮。赵师侠《南乡子·尹先之索净圆子词》：

元夜景尤殊。万斛金莲照九衢。馇拍豉汤都卖得，争如。甘露杯中万颗珠。

应是著功夫。脑麝浓薰费小厨。不比七夕黄蜡做，知无。要底圆儿糖上浮。

正月十五的夜晚，千万盏花灯照得大街上如同白昼。各种各样的吃食在叫卖，有煎肉排，有烤肉串，还有热气腾腾的鲜辣汤。可是，哪里比得上那一碗甜如甘露的银珠子！这种吃食，做起来很费功夫。这般馨香，像是用龙脑和麝香浓浓熏过。不像是七夕巧果那样，外面浇了一层蜂蜡，只能看，不能吃。知道吗，圆圆的白珠子，是浮在糖羹上面的。正月十五的天气往往还是很冷的，料峭寒夜里，一碗热乎乎、甜丝丝的圆子，吃起来又香又甜，浑身都暖和。正如史浩《人月圆·咏圆子》所描绘的：“六街灯市，争圆斗小，玉碗频供。香浮兰麝，寒消齿颊，粉脸生红。”

煮熟的“圆子”，光滑圆润，玲珑剔透，如同珍珠。朱淑真曾这样赞美：

轻圆绝胜鸡头肉，滑腻偏宜蟹眼汤。
纵有风流无处说，已输汤饼试何郎。（《圆子》）

王千秋《鹧鸪天·圆子》赞曰：

翠勺银锅飨夜游。万灯初上月当楼。溶溶琥珀流匙滑，璨璨蠙珠著面浮。

香入手，暖生瓯。依然京国旧风流。翠娥且放杯行缓，甘味虽浓欲少留。

圆子的卖家，用的餐具就很美：翠绿色的勺子、银色的锅，在华灯初放、明月高挂的时候，诱人享受美味。浓稠的糖羹有着琥珀的质感，从汤匙流到嘴里，亮灿灿的圆子如珍珠般浮在碗里。接过碗，就接过来一捧香气；端着碗，就捧着一团温暖。品尝圆子时，就回忆起往年的歌舞升平，就会有浪漫的情怀。

元宵节，是一个大众狂欢的日子。入夜，无论男女老少，都走出家门，赏灯、玩乐。这个夜晚，美景当前，注定也成了青年男女最为期盼、最为惬意的良辰。而“圆子”，是这场盛会的重要角色。一边是“流苏垂盖宝灯围”，一边是“小铛烹玉鼓声随”（王千秋《浣溪沙》）；一边是“星通河汉上”，一边是“珠乱里闾间”（梅尧臣《元夕同次道中道平叔如晦赋诗得闲字》）。史浩的《粉蝶儿·咏圆子》词描绘：

玉屑轻盈，鲛绡霎时铺遍。看仙娥、骋些神变。咄嗟间，如撒下、真珠一串。火方然，汤初滚、尽浮锅面。

歌楼酒垆，今宵任伊索唤。那佳人、怎生得见。更添糖，拚折本、供他几碗。浪儿门，得我这些方便。

街市上，卖汤圆的生意非常好，这个卖圆子的小哥，今晚真是饱看美女，大过眼瘾。为了见到意中人，小哥都顾不得成本了！

陈世崇《元夕八首》之一云：

麝圆饍拍澄沙团，馉饳糖霜乳橘盘。
蕉叶柿花宜利少，叫声浑杂市声欢。

这首诗写的是豆沙馅儿“圆子”，表明宋代就有了包馅儿的圆子，也就是《武林旧事》卷二“元夕”中说到的“乳糖圆子”。宋代张镃有一首题为《谢岂庵饷澄粉圆子》的长诗，描写的“澄粉”，是将加工过的面粉，用水漂洗过后，把面粉里的粉筋与其他物质分离出来，粉筋成面筋，剩下的就是澄面。诗人极力盛赞友人馈赠的圆子，把圆子比喻为名贵的“合浦”宝珠、魏珠。

合浦珠，又称南珠；魏珠，古人推崇的明珠。“荒寒海际人罕见，第取服用充珍娱。”这么难得的圆子，现在友人让自己可以随时吃到，太难得。这种圆子做工精致，“细淘琼粉滴成泥，幻出匀圆乃无异”。就是油炸的伥馇也比不上它的美味。全诗用大惊小怪的写法，简直把澄粉圆子夸上了天。

杨万里还吃过另外一种圆子。他有一首诗，题为《上元夜里俗粉米为茧丝，书吉语置其中，以占一岁之福祸，谓之茧卜，因戏作长句》，诗里提到一种民俗事象，就是在正月十五的晚上，做米粉圆子时，把自己的美好愿望写在纸条上包进去，用来占卜接下来的一年运气如何，诗云：

儿女炊玉作茧丝，中藏吉语默有祈。
小儿祝身取官早，小女只求蚕事好。
先生平生笑儿痴，逢场亦复作儿嬉。
不愿著脚金华殿，不愿增巢上林苑。
只哦少陵七字诗，但得长年饱吃饭。
心知茧卜未必然，醉中得卜喜欲癫。

小儿女各有各的心事，儿子祈祷自己能早点做官，女儿祈祷蚕事一切如愿。理智清醒的父亲以往都笑话儿子太傻了，此时却不忍扫了孩子的兴致，也跟着逢场作戏。父亲的愿望不是想在朝廷做大官，也不是想要住上华美的居室，只希望能够平平安安，一年到头全家能吃饱肚子。心里明明知道这种占卜未必能够成真，但醉醺醺的时候得到了吉祥的卜辞，还是开心得像是癫狂。这种圆子的滋味，全在圆子以外。

窗外热热闹闹，笑盈盈乐翻天，窗内热气腾腾，香喷喷甜蜜蜜！

春来荠美忽忘归

荠菜是报春菜。在普通人家的餐桌上，如何感受到春天的气息？毫无疑问，是春盘。刘克庄在自己七十岁那个新年的第一天，“旋遣厨人挑荠菜，虚劳座客颂椒花”（《丙辰元日》），品尝春天的味道，感慨时间的流逝。更多的人在立春这一天打春牛、尝春盘。把一头由泥土塑成、装扮得花花绿绿的春牛，鞭打得纸花土屑纷纷洒落的时候，人们祈祷接下来的一年能够风调雨顺、五谷丰登；吃着各种生菜细丝堆成的春盘，期盼接下来的一年人人身体安康。“初信东风入采幡，自挑雪荠饤春盘”（方岳《立春》），柔和的东风，带着春天的消息，刚刚开始刮起，和迎接春天的各种彩色旗子欢快舞蹈；春盘上，是自己动手挑的嫩嫩的荠菜。“自养鸡豚烹腊里，新抽韭荠荐春前”（吴潜《望江南》），自家养大的鸡和猪，在冬天，风干腌渍；初春，刚刚从土里抽芽的韭菜和荠菜，是春天最好的美味。腊味醇香，有咬劲，带着沧桑感；新韭嫩荠，积蓄了一冬的养分，肥美柔嫩，又带着清新的泥土气息，这是冬末春初两季，平民阶层独享的乡间美味。春风渐暖，“社瓮初开春浩荡，荠蕨漫山谁摘”（赵以夫《念奴娇》）。社瓮，社日里的酒瓮，古代一年有两个社日，即春社和秋社。春社是立春之后的第五个戊日，这是中国古老的传统民俗节日之一。热热闹闹祭过土地神之后，田野里春意盎然；过了春社之后，漫山遍野都是可以吃的荠菜和蕨菜；到了晚春，“城中桃李愁风雨，春在溪头荠菜花”（辛弃疾《鹧鸪天·代人赋》），“春入平原荠菜花”（辛弃疾《鹧鸪天·游鹅湖醉书酒家壁》）。“荠花如雪苔苗老，应有垂杨绿荫门”（曹勋《接伴书怀》），荠菜开花了，就不能做菜了；春天的律动即将迎来夏天的劲舞。

荠菜是平民菜。吃荠菜的快乐，在于获得荠菜到做成菜端上桌的整个劳动过程。释绍昙《挑荠》诗云：

小溪挑荠携篮去，寻遍颓垣与荒圃。
根染微黄怯晓霜，叶铺嫩绿滋春雨。
沙瓶呜井斢寒泉，膏泥濯尽夸芳鲜。
松风飕飕沸茶鼎，晴窗唤醒幽人眠。
细嚼甘香凝齿颊，味与首阳薇不别。
茆舍清贫乐未涯，搜吟况有梅梢月。
五陵玉箸耽膏腴，岂知菜味天渊殊。
茶罢筇枝发清兴，山后山前行一转。

这首诗写了挑、洗、做、品荠菜，以及餐后消食的一个完整过程。小僮背着篮子去挑荠菜，在废旧的围墙边、荒芜的菜园里，一点一点找过去。早晨，地面上还有一层薄薄的白霜，荠菜根好像是怕冷一样躲在土里；挑出来的荠菜，白色的菜根微微泛黄。嫩绿的荠菜叶领受春雨的滋润，铺在地上，舒展惬意。此时，从深深的井里吊出凉水，沙罐上来下去碰到井壁发出声响，把荠菜根上带着的泥土清洗干净，荠菜清清爽爽，更显得新鲜肥嫩了。从树林刮过来的风带着松脂的香气，把炉火吹旺，煮茶的锅很快就滚开了，茶香和照到窗纸上的阳光唤醒了安安静静睡觉的人。细细咀嚼荠菜，舌尖齿间，整个口腔都是清甜的香味，这味道和首阳山的薇菜没有什么差别。茅舍里的生活清寒贫穷，可是也有无边的快乐，何况如果夜晚想要吟诗，一抬头，月亮就在梅花树的梢头静静候着。那些豪门贵族和富贵人家，筷子只在大鱼大肉之间游走，他们哪里知道，跟荠菜相比，那滋味真是天壤之别啊！吃完荠菜喝过茶，拄着拐杖，山前山后悠悠闲闲转一圈，山林间的微风拂过，何等的惬意！叶茵《渔村》描摹渔家生活："得鱼去换红蒸米，呼子来挑荠菜花。"葛绍体《乐清道中二首》也写道："居人却惯鱼虾贱，茅店晚厨春荠香。"虽然是糙米，但是就着刚出水的鱼和刚从土里挑出来的荠菜，那种鲜香，足以消解辛勤劳作的疲惫。心如止水、与世无争，才能品得如此鲜美。"朝采南涧芹，莫撷东篱荠"（释文珦《食荠》），不是把早早晚晚以山间的野菜为食当成是定数而无奈地安之若素，而是因为“此中有真味，岂必鲙鲂鳢”。世外之人如此，红尘之中的清雅之士也如此。陆游在《食荠》诗中道：“日日思归饱蕨薇，春来荠美忽忘归。”因为心境安宁，而尝到了纯正的味道，这种境界，是一般的俗人到不了的。

荠菜常常足以抚平人生失意的隐痛。方回诗云“归与儿曹煮春荠，故应有味胜鼋羹”（《寓杭久无诗长至后偶赋怀归五首呈仁近仲实》）；“冲风踏雪须归去，荠菜肥甜白酒香”（《丁亥十一月初八日南至二首》）。那个清寒的小家里，春天茁壮的荠菜，是餐桌上的家常菜，也是最能温暖身心的佳肴。梅尧臣《食荠》诗云：

世羞食荠贫，食荠我所甘。
适见采荠人，自出国门南。
土蠹瘦铁刀，霜乱青竹篮。
携持入冻池，挑以根叶参。
手龟不自饱，食此尚可惭。
肥羔朱尾鱼，腥膻徒尔贪。

荠菜成了主菜，而且又缺油少盐，是家境贫寒的标志，很多人觉得说不出口，可是诗人却说，这种生活是他心甘情愿的。挑荠菜的过程不像现代人那么风骚，诗人所写的挑荠菜，是一种生活手段，是一种艰辛劳作。挑荠菜的铁刀，一点一点被土削蚀，越来越小；竹篮子里挑的荠菜，还带着白色的霜花。要敲开冰面洗菜，把老根败叶去掉。挑荠菜的人手都冻得裂开了口子，挑来的荠菜仍然不能让自己吃饱肚子。诗人觉得，吃着这样的荠菜，应该惭愧，想想挑菜人，再想想这时还吃着大鱼大肉，难道不觉得太贪婪了吗？

荠菜是救急菜。漫长的冬季之后，寒意料峭的初春，在大棚没有普及的古代，人们可吃的蔬菜品种很少。这种时候，“赖有墙阴荠，离离已可烹”（陆游《雨》）；“春畦不满眼，采掇到芹荠”（陈师道《次韵答少章》）；“荒园槁叶飘，荠菜已堪挑”（方回《喜刘元辉至二首》），都说明荠菜能够适时救荒。许应龙《荠菜》诗云：

拨雪挑来叶转青，自删自煮作杯羹。
宝阶香砌何曾识，偏向寒门满地生。

扒开积雪挑荠菜，自己择菜自己做羹，这种美味是有钱人家享受不到的，况且这种菜他们也不认识。荠菜有情有义，在穷人家住的地方随处生长，稍微加一点佐料，味道就很鲜美，“小著盐醯助滋味，微加姜桂发精神”（陆游《食荠》）。“今朝盐酪尽，荠糁更宜人”（陆游《老民》），若是连油盐也没有，把荠菜切得碎碎的掺到碎米粥里，吃起来感觉也很舒服。而且，荠菜可以从早春一直吃到初夏，“挑根择叶无虚日，直到开花如雪时”（陆游《食荠》)。“雪挑霜煮春无尽，不似吾园荠菜花”(方回《荠菜花》)，整整一个春季，荠菜滋润着草根平民贫瘠的生活。这样的时候，朋友馈赠荠菜，不啻雪中送炭，“物虽美芹微，意重生刍比”(韩维《和叔惠荠》),礼物虽然不值多少钱,但这份情谊，难以用语言来表达。

荠菜还是百搭菜。荠菜自带本分的鲜香，可以清水煮:“随地挑成荠菜羹，只和淡水入瓶罂”(韩淲《正月二十八日二首》其二),可以与各种食材成为最佳搭档,组成多种多样的吃法,“采撷无阙日，烹饪有秘方”，可以做糁羹，“候火地炉暖，加糁沙钵香”,“炊粳及煮饼,得此生辉光”,做菜粥和下面条,有了荠菜，味道就大不一样，“扪腹喜欲狂”(陆游《食荠十韵》)。“破白半浮糁，杀青微下盐”(徐似道《荠》)，可以一半碎米一半荠菜做糁羹，作主食也可以在滚水里焯一下，放一点点盐凉拌，当小菜。比较奢侈的吃法就是包馄饨，“嫩斸苔边绿，甘包雪裹春”(洪咨夔《荠馄饨》)。广受称道的还是“荠糁”，苏轼诗云:“时绕麦田求野荠,强为僧舍煮山羹。”(《次韵子由种菜久旱不生》)据说，他用小米和荠菜煮粥，并说:“天然之珍，虽小于五味，却有味外之美。”于是,陆游便有了《食荠糁甚美盖蜀人所谓东坡羹也》，摸着吃得圆滚滚的肚子，赞美道:“莼羹下豉知难敌，牛乳抨酥亦未珍。”

荻芽蒲笋上春洲

荻，生命力很强的一种植物；芦，荻的本家兄弟。荻和芦常常生长在水边，在高坡缺水的地方有时也可以见到，大片大片的荻和芦，高大丛生。现如今，芦荻只是作为景观，用来怀旧，用来装点风雅；但在宋代，荻芽和芦芽却是餐桌上一道常见的菜。

荻芽和芦芽，首先报道着春天到来。洪适的《渔家傲引》中有："二月垂杨花糁地，荻芽迸绿春无际"，早春时节，杨花像碎米一样铺在地上，荻芽钻出地面，看起来就像迸发出来的，绿莹莹的一片，展现无限生机。苏轼的《惠崇春江晚景》诗云：

竹外桃花三两枝，春江水暖鸭先知。
蒌蒿满地芦芽短，正是河豚欲上时。

这首诗历来被看成讲述春天到来的代表作品。桃花绽放，水温也开始回升，鸭子感受到了春天的暖意。芦芽短短，刚刚萌生的状态。一如陆游的“芦芽刺岸沙”（《晚步湖塘少休民家》），形象地描写了芦芽破土而出的景象，画面感极强。荻芽和芦芽最嫩的时候是紫色，随着气温回升，荻芽和芦芽渐渐转成红色，“烧痕吹尽荻芽生，江南二月春禽鸣”（李流谦《芜湖即事三首》其一），荻芽渐渐转绿，似乎是春风把烧红的痕迹一点点消除，也渐渐长老。“宿雨消花气，惊雷长荻芽”（翁卷《梦回》），春雨浇花，春意渐浓，似乎是春雷唤醒万物，唤醒了荻芽。“沧洲寒食春亦到，荻芽深碧蒌芽青”（范成大《连日风作，洞庭不可渡，出赤沙湖》），寒食节气来到的时候，荻芽和芦芽就长成绿色的了。春色越浓，荻芽和芦芽就越长越高，这时候，“微风细雨响芦芽”（敖陶孙《晚霁湖边独步》），不用看，仅凭听觉，就能感受到荻芽和芦芽快要长成森林了。宋代写荻和芦的诗人，其实多半还是把荻芽和芦芽当成抒发情感的布景。

把荻芽和芦芽当作菜来写的，有不少诗人还只是看重了荻芽和芦芽作为主菜的陪衬。也有唱反调的，胡寅《春日幽居示仲固彦冲十绝》其五云：

> 微茫烟溆见人家，四合青山雨遍遮。
> 画出江乡二三月，河豚安得配芦芽。

轻纱薄雾中，隐隐约约能看到座座房舍，四面的青山被雨雾遮挡，就像是一支妙笔画出了水乡的美好春天，河豚这么丑的形貌，怎么配得上嫩生生的芦芽！但是这声音太微弱了，早已被淹没在一片美食家的声浪里。王之道说“试问荻芽生也未，偏宜。出网河豚美更肥”（《南乡子·用韵赋杨花》），华岳说“形容初不类鱼虾，偏称芦蒿与荻芽”（《河豚》），确定了荻芽和芦芽作为河豚配菜的地位。晁补之说“河豚入网荻芽长”（《赠余樗年试院作》），范成大说“杨花欲动荻芽肥，污手死心摇食指”（《次韵唐子光教授河豚》），“荻芽抽笋河豚上”（《晚春田园杂兴十二绝》其十一），梅尧臣说“春洲生荻芽，春岸飞杨花”（《范饶州坐中客语食河豚鱼》），这些都是说到杨花将开的时候，荻芽肥嫩，可以作为河豚的配菜了。李曾伯《食河豚鲈鱼席间口占》诗中有“春岸荻芽常喜有”，开心的是吃河豚不愁没有荻芽来配。方回认为“荻芽荐鲊脯，缓醉味岂浅”（《李寅之招饮同登九江城》其八），就着荻芽吃小鱼干、喝酒，就不会醉得太厉害。

值得庆幸的是，还是有人认认真真把荻芽和芦芽当成主菜来写的。王安石赞美“荻笋肥甘胜牛乳”（《后元丰行》），梅尧臣《萧著作宰丰城》描写用芦芽和荻芽做小菜，诗云：

王都二月花正开，社雨作阴迎燕子。
人先春色向江南，江南春色归春水。
拍岸绿波生荻芽，晨羞聊可助甘旨。

大好春色之中，荻芽在丰沛的水边长得很茁壮，正好可以采摘，早晨作为佐餐，真是又香又甜。杨万里的《蜑户》描述了渔家的贫苦生活：

天公分付水生涯，从小教他蹈浪花。
煮蟹当粮那识米，缉蕉为布不须纱。
夜来春涨吞沙觜，急遣儿童斸荻芽。

按照老天爷的安排，渔家就是靠水打理生活，孩子很小的时候就要学会踏波踩浪。整日里用鱼蟹当粮食，几乎都不认识米；用蕉叶来遮挡身体，就不需要纱来做衣服了。新鲜的荻芽只有春天才有，而芦芽的采摘期也只有十天左右，采摘不易，所以要赶紧打发孩子抓紧时间采摘，等到“荻芽如臂与人齐”（杨万里《水落二首》其一），那就不能做菜了。

萧崱《芦》诗云：

江客因贫识荻芽，一清鏖退杂鱼虾。
烧来味挟蚝边雨，掘得身离雁外沙。
春馔且供行釜菜，秋妆莫管钓舡花。
食根思到萧骚叶，痕感边声咽戍笳。

这是一个专心一意尝到荻芽滋味的诗人。因为贫穷，经常以荻芽为食，没有鱼虾腥气的干扰，诗人尝到的是泥土的气息，是春雨的味道，是离群索居的清苦酸涩。世事沧桑，风云变幻，不变的只有每当春天来临时，生发新芽的荻芽："事逐孤鸿今已矣，年年水落荻芽肥"（南野《过芜留咏》）。这种心境下，荻芽已成为人生的一道主菜，"君能先往勿自滞，行矣春洲生荻芽"（欧阳修《寄圣俞》）。"拟待春洲暖，重来采荻芽"（赵希迈《昆湖夜归》），则是将春暖时采摘荻芽作为一种期待。

荻芽和芦芽，剥掉外面的笋衣，里面是细细的嫩茎，像竹节。野生的荻芽和芦芽白嫩肥甘，味道鲜美，嚼起来爽脆无渣，可以清炒，可以做汤，可以与鸡蛋一起炒，也可以用开水焯一下，略放点盐，吊出食材的本来味道。无论是凉拌，清炒，还是烩汤，或者腌渍，都清鲜可口。不过，不能烧煮太长时间。芦芽和荻芽能吃的时间很短，长高、长老了就不好吃了。

且持卮酒食河豚

河豚，宋诗中也有人称之为“河鲀”。梅尧臣有一首长诗《范饶州坐中客语食河豚鱼》，详细介绍了河豚的特点。“春洲生荻芽，春岸飞杨花。河豚当是时，贵不数鱼虾。”河豚大量上市的季节，也是河豚味道最美的时候。每年春天，芦荻发芽了，杨花飞舞了，正是河豚洄游到淡水区域来产卵的时候，“吃货”们大快朵颐的好时机来到了！“其状已可怪，其毒亦莫加。忿腹若封豕，怒目犹吴蛙。”河豚的相貌实在是奇怪，圆滚滚的，肚子鼓起来的时候，就像是杀猪时吹满了气的猪。河豚身体呈圆筒形，有气囊，遇到危险时会吸气膨胀。长得太丑也就罢了，它还自带剧毒。既然对生命安全都构成了威胁，还有什么值得拿来让舌头牙齿享受的呢？你要是带着这个问题跟南方人聊天，他们一定会尽力袒护河豚，还要再三夸奖它，“皆言美无度，谁谓死如麻”，南方人都说河豚的味道好得没有边，还反问：“是谁说的因为吃河豚死了很多人，谁？”然后诗人就引申开去，上升到了哲学层面，“甚美恶亦称，此言诚可嘉”。

梅尧臣跟谁在哪一起聊起了河豚？是在范仲淹的饭局上！他的这首诗影响很大。欧阳修盛赞这首诗：“圣俞平生苦于吟咏，以闲远古淡为意，故其构思极艰。此诗作于樽俎之间，笔力雄赡，顷刻而成，遂为绝唱。”这样夸还不过瘾，欧阳修甚至说，每当自己觉得身体不太舒服的时候，读几遍梅尧臣的河豚诗，就觉得爽快多了。有人说，范成大的《河豚叹》《次韵唐子光教授河豚》等诗作，受梅尧臣河豚诗的影响很大。

因为这首诗，梅尧臣几乎成了河豚代言人。诗人一说河豚，必然要提起他。苏颂的《与丘程凌林四君同赋食河豚》，仿写的痕迹很明显；吴泳《溪亭春日》诗曰：“河豚渐美夸梅十，芳草如屏说柳三。”甚至，后人在拜扫梅尧臣墓时，还忘不了他的河豚诗：

宛陵城南柏山寺，行到西厢见旧祠。
人物欲观嘉祐老，铭文空有醉翁辞。
银章粉墨谁舒卷，金薤琳琅自陆离。
每见河豚起春岸，永怀风致细哦诗。（滕珂《谒梅都官墓》其二）

大好春光之时，河豚最肥美。黄机《木兰花慢》词云：“剩买蒌蒿荻笋，河豚已上渔舟。”苏轼的名诗《惠崇春江晚景》

说“蒌蒿满地芦芽短，正是河豚欲上时”；蒋华子的《春晚谣》说“汀洲三月杨花飞，河豚出水江鲚肥”。河豚究竟有怎样的美味？李曾伯的《食河豚鲈鱼席间口占》诗云：“午食河豚晚食鲈，两鱼风味绝悬殊。”鲈鱼已经够鲜美了，跟河豚一比，差距还是很大。周承勋的《食河豚》一诗，为了描述河豚的美味，连用了两个美食典故。一个典故是“楚王食萍”，据说楚昭王过江时，有一个圆圆的东西“砰”地撞进了船舱里，所有人都不知道这是什么。派人请教孔子，孔子说，这叫萍实，是称王称霸的好兆头。楚昭王按照孔子说的，剖开萍实，哇，甜蜜蜜的，味道这么好！于是大饱口福。周承勋用的另一个典故是“越王食鲙”，越王正在吃“鲙”，不知为什么不吃了，剩下的半条鱼扔到水里，化作“王余鱼”。鲙的本意是指鰳鱼，又称白鳞鱼、青鳞鱼、火鰳鱼，细小的刺极多，但是味道极其鲜美，有人说就是现代著名的“鲥鱼”。周承勋说“河豚本是当年物”，那么，河豚味道到底有多好？你能想象到有多好就有多好！具体来说，“嫩肥初破鳖裙重，腻白细挑羊脑满”，口味像鳖的裙衣，肥嫩而有咬劲；又像是羊的脑髓，洁白肥腻，鲜嫩可口。为了这样的美味，他逗留此地两年了，还不想离开。别人劝他，河豚有毒，趁早放弃这一口，“邻翁劝我知机早，有毒伤人如鸩鸟”。可是他不以为然，他说，人世间不知有多少陷阱，除了河豚之外，伤人性命的事情多了去了，“我生有命悬乎天，饱死终胜饥垂涎”，生死由命，吃饱了死总比垂涎三尺饿死的强。赵希逢也说：“品题不在八珍数，甘美从今众口夸。一死分明非为国，罪诚由己不关他。”（《和河豚》）苏轼也愿意豁出性命吃河豚：“东坡盛称河豚之美。吕元明问其味，曰‘直那一死’”（邵博《邵氏闻见后录》）。河豚的美味，苏轼念念不忘，《戏作鮰鱼一绝》诗云：

> 粉红石首仍无骨，雪白河豚不药人。
> 寄语天公与河伯，何妨乞与水精鳞。

吃别的鱼也拿河豚作比，甚至吃荔枝的时候也不忘提及，“似闻江鳐斫玉柱，更洗河豚烹腹腴”（苏轼《四月十一日初食荔支》）。

河豚烹调不当，的确会造成中毒，吃河豚的确有点冒风险，“捐生决下箸，缩手汗童仆”（范成大《河豚叹》），也不是危言耸听。梅尧臣诗云：“庖煎苟失所，入喉为镆铘”（《范饶州坐中客语食河豚鱼》），说的是一定要煮熟煮透，否则就会中毒身亡；“朝来里中子，馋吻不待熟。浓睡唤不应，已落新鬼录”（范成大《河豚叹》），说的就是河豚没有煮透造成的悲剧。处理河豚时，要剔去肝、籽、血，反复清洗，洗得“俟色如雪，方敢烹”（费衮《梁溪漫志》）。张耒在他的《张太史明道杂志》中说，河豚，水生鱼一类当中的奇特美味。可是历代传下来的说法是，河豚有毒，能毒死人。中毒时，觉得浑身发胀，就要马上找到污秽的东西，比如粪便啦、泥浆啦吃下去，催吐才能解毒，否则的话，必死无疑。但是张耒在江苏和安徽两地任职时，看到当地一家人一道吃河豚，做法也很平常，只是和蒌蒿、荻笋、落菜三样搭配着吃，说是这样最合适。据说这样的吃法,从来没有死过人。也有人说，当地人了解河豚，有个水土相宜的问题，所以不会中毒。也有人说，要是发觉中毒了，也不是一定要吃脏东西催吐祛毒，将槐花末用水调和服下或者喝龙脑水也可以解毒。张耒认为，赶紧服至宝丹可以解毒，吃粪便解毒的说法是开玩笑，张耒还提到了解鱼毒的另一样东西——橄榄。“芦芽橄榄实,调芼杂姜桂。甘肥比西子，王鲔安足贵”（曾巩《金陵初食河豚戏书》)。做河豚时，放入芦芽、橄榄，以葱、姜、桂皮为调料，祛毒又美味。辛弃疾有《蒌蒿宜作河豚羹》一诗也说“蒌蒿或济之”。

河豚并非一年四季都有，也不是想吃、敢吃的人都能吃到，于是，一种仿制食品应运而生。张耒在《张太史明道杂志》中提到，他吃过假河豚，味道也非常奇妙。《东京梦华录》和《梦粱录》中也都提到了“假河豚”“炸油河豚”，因为河豚的味道实在太鲜美，不敢吃、没有条件吃到河豚的，就吃这种素食——“饮食果子”，倒也解馋。

好竹连山觉笋香

被文人称为“四君子”的梅、兰、竹、菊，分别象征着“傲、幽、坚、淡”。而竹幼时是笋，笋也因而受到文人推崇。苏轼的《和黄鲁直食笋次韵》诗云：

萧然映樽俎，未肯杂菘芥。
君看霜雪姿，童稚已耿介。

写出了笋的傲然之态。李光的《忆笋》诗云：“暮春杜鹃啼，茁茁蓬麻稠。冒土出羊角，穿篱露猫头。”细致描摹了春笋出土的生动景象。杜鹃鸟啼叫的时候，茁壮的春笋密密麻麻地露出地面。细的像羊角，粗的像猫头。“紫蕨性阴冷，荻芽体轻浮。爱此凌云姿，不与凡卉俦。”比较而言，紫色的蕨菜本性寒凉，荻芽又太嫩了，不耐咀嚼。就喜欢春笋这样有凌云的志向，跟一般的花花草草大不一样。“乡味不可忘，坐想空涎流。”身在他乡，思念故土，想起家乡春笋的味道，忍不住要流口水。范公偁的《过庭录》也记载：“邵伯恭侍郎守长安，既去久之，以书抵亲，识曰‘自去长安，唯酥梨、笋时复在念，其它漫然不复记忆’。可谓风流矣。”陈普有一首《笋》诗，长达790字，写笋的风貌，“书窗媚幽独，万竹真我仪”，“斐亹弄月阴，挺拔出风姿”。写笋的品质：“冰霜茂摧挫，生意自有时。”描绘笋出土时的势能：“震雷摇蛰虺，千根同发机。迸芽带珠露，裂地拆伏龟。”写笋破土生长的不易：“艰给或避石，奋逸或攒篱。”写笋的美味“直是慰肝脾”，“作羹厚于菜”，把笋引为知己：“携琴对此君，三叹钟期希。”陈造更是因为喜欢竹子的风貌而舍不得吃笋。他的《爱笋》先是描绘春笋：

犀非犀，玉非玉，拂拂轻霜浮脆绿。
披箨含梢欲成竹，娟娟袅袅森可束。

接着，诗人说：“少忍充庖得补林，主人为目不为腹。”为的是：“官闲尽日据胡床，乐与此君同避俗。”

生活清贫，不可能囤多少食材，储备不足；缺乏种菜的园地或者园地有限，就只能季节时令有什么吃什么。能够应时品尝最新鲜的笋，是上天给予平民百姓最善意、最体贴的馈赠，“稽山笋蕨正尝新”（陆游《晚春》），说的正是这种生活状态。黄庭坚的《春阳》诗云：

竹笋初生黄犊角，蕨芽已作小儿拳。
试挑野菜炊香饭，便是江南二月天。

挑野菜，挖春笋，菜鲜饭香，顿觉春光更加美好。冯时行的《食笋》诗云：

锦箨初开玉色鲜，烹苞菹脯尽称贤。
绝能加饭非无补，浪说冰脾苦不便。
一日偶无慵下箸，四时都有不论钱。
寒儒气味都休问，准拟凌风作瘦仙。

剥去笋壳，白皙鲜嫩的笋可以任意烹制，这种时鲜菜，可口下饭，就不要指责有没有营养啦，也不说会不会伤肠胃啦，一天没有笋，就懒得动筷子；要是一年四季都有，就不论价钱啦！别说什么穷书生的寒酸气，常吃这个，一定是亭亭玉立、仙风道骨！“早笋渐上市，青韭初出园;老夫下箸喜，尽屏鸡与豚”（陆游《春晚书斋壁》），春笋端上桌，诗人拈起筷子，心情就很愉快，连平常难得见到的鸡肉猪肉都当看不见。有笋可吃的这个季节，真的是一段美好时光：“草茅晦小隐，笋蕨供大嚼”，“晓厨寻晚笋，客供摘新菘。舌下清肥足，何劳细肋供”（曹勋《山居杂诗九十首》）。“苇羹箭笋美如玉，点豉丝莼滑萦箸”（陆游《春游至樊江戏示坐客》)。“催唤比邻同晚酌，旋烧笙笋摘青梅”(陆游《东园小饮》)。“长江绕郭知鱼美，好竹连山觉笋香”(苏轼《初到黄州》)。充分享受大自然的馈赠，“拄腹撑肠未云足”(陈造《食晚菘新笋》)，即便是离乡背井的漂泊，有了笋，思乡似乎也没有那么苦，“杯羹最珍慈竹笋”(陆游《初到荣州》)，“怪来今晚加餐饭，一味庐山笋蕨香”(杨万里《梳头看可正平诗有“寄养直时未祝发”等七篇戏题七字》)。笋的时令性很强，黄庭坚《食笋十韵》描写春笋出土的情景：“茧栗戴地翻，觳觫触墙坏”，出土的春笋，生长速度特别快，春风一吹，春雨一浇，很快就长高长结实。诗人们希望能够长久享受笋的美味：“一岁可能三百把，骨青髓绿配松仙”，“风神肯慢吹成竹，市老能教省直钱”(冯时行《和食笋二首》)。黄公度《谢傅参议彦济惠笋用山谷韵》盛赞笋的鲜味之后，笔锋一转：“预恐吹作竹，明日东风噫。急须驱儿童，倾筐携采采。”于是，“一心咒笋莫成竹”(黄庭坚《戏赠彦深》)。

现代人吃笋，有炒笋片、手剥笋以及把笋和肉菜一起炖煮等做法，总之，“野笋庖尤美”(刘克庄《送叶士龙归竹林精舍》)。有人喜欢炖煮，黄庭坚《食笋十韵》：“甘菹和菌耳，辛膳胹姜芥。烹鹅杂股掌，炮鳖乱裙介”，和别的食材一起炖煮，笋充分释放鲜味的同时，又吸饱其他食材的香气，使得一锅菜的滋味都极其鲜美。陆游的《成都书事》中有“芼羹笋似稽山美”之说，用新鲜竹笋炖的菜羹，竟然还有了家乡菜的滋味；他回到了家乡，又觉得“笋美偏宜蜀豉香”（《村居初夏》），认为炖煮春笋，再加上特色调料，这样的烹调是最合适的。方凤《答柳道传饷笋》诗云：“和以芹根及薤芽，醯盐滄著香无涯。”说的也是这个意思。据林洪的《山家清供》记载，鲜嫩的竹笋，裹上加了调料的面糊，油炸至金黄色，甘脆可口，这叫“煿金”；有人把笋切成薄片，和白米一道煮粥，味道也非常好，这叫“煮玉”。著名的济公，也就是僧人济颠《笋疏》中说的“拖油盘内煿黄金，和米铛中煮白玉”，就是这两种做法。无名氏的笔记《五色线》中写道，有个北方人，见南方人煮笋，问煮的是什么，回答说煮的是竹子。回家后他把床上的竹席子拆下来煮，怎么都煮不烂，他对妻子说，南方人真是欺人太甚，骗我！这个笑话道出了南北方的差别。

最能保持春笋鲜味的吃法，《山家清供》中叫“傍林鲜”，就是在春末夏初，笋长得旺盛的时候，把竹叶扫拢在笋的周围，生着火，把笋慢慢烤熟，这样做，笋的味道特别鲜美。程公许在《春晚客中杂吟四绝句》中说“最忆就林煨苦笋”，陈藻也有诗云：“烧笋美鲜尝”（《书怀奉简张谦父》），洪咨夔说“带泥烧笋荐晨饷”（《送新婺州汪总领归歙》），姜特立也说“鱼煮船头笋煮园，一时风味最甘鲜”（《王思叔惠象牙笋》）。苏轼有诗《筼筜谷》云：

> 汉川修竹贱如蓬，斤斧何曾赦箨龙。
> 料得清贫馋太守，渭滨千亩在胸中。

文与可是苏东坡的好朋友，喜欢画竹，也喜欢吃笋。他曾经送了苏东坡一幅竹画《筼筜谷偃竹》。苏东坡因此写诗答谢，并夸张地揶揄了文与可好吃竹笋。据说，收到信的时候，文与可正和家人一起吃烤笋，看到苏东坡的诗，笑得一口饭喷了满桌。烤笋，《山家清供》中又称为“煨笋”，这种吃法，现在还有，据说浙江安吉竹乡的山民还直接把竹笋丢到灶灰堆里焐熟了吃。直接在竹林边烤笋，现在是万万不能了，会引起山林火灾。

将美味送给友人分享，古今常见，尤其是笋这样有地域性、时效性的美味，馈赠友人，分享的不仅仅是一种难得的滋味，更是深重的友情。张扩的《谢范信中钤辖惠笋炙》中，描述了品尝新笋后的感觉：“一箸可当百味鲜。”他非常惊讶：“君家何从得此品，新馥惠我惊馋涎。”苏轼《送笋芍药与公择二首》其一曰：“送与江南客，烧煮配香粳。”朋友从千里之外寄来竹笋，苏轼又分给了李公择，与朋友同享江南美食。李处权《谢翁士特惠笋》云：“出土好色已胜玉，下箸珍味端如饴。”陈宓《谢王丞饷临漳火山绿笋》云：“忽得满盘堆鹤顶，更惊触眼出猫头。”刘黻《谢惠笋》写朋友“饷我慈竹萌”，于是诗人“寒泉煮青茆，手调玉版羹”，想要与人共享，可是，“招僧招不来，贳酒乃独烹”。饱餐之后“茄苋避三舍，纸帐午梦宁”，享受美味之后的安逸惬意之状跃然纸上。答谢馈赠鲜笋的诗不少，主动要求朋友送笋的诗也不少，如洪炎的《从宝峰长老惟足求猫头笋》、范成大的《从圣集乞黄岩鱼鲜》《从宗伟乞冬笋山药》等，可见，鲜笋的味道有多么诱人！

夏

愧柳成阴雨洗尘，樱桃乳酪并尝新。

古来江左多佳句，夏浅胜春最可人。

樱桃乳酪并尝新

晚春时节，初夏时分，“杨花榆荚浑如许，苦笋樱桃正是时”（辛弃疾《寿赵茂嘉郎中二首》），“结子筠笼，万颗匀圆讶许同”（赵师侠《采桑子·樱桃花》），樱桃熟了。葛绍体有《烟雨馆》诗云：

> 轻暑著人疑酒困，卖花声转卖樱桃。
> 湖光静漾半帘影，燕子日长风絮高。

春暖转成暑热，轻微的暑气让人总是沉沉欲睡，像是多喝了酒一样。初夏的日子，白天渐渐长了，湖面上微波荡漾，轻风把花絮带到晴空，燕子来来去去地忙着；卖花人的声声叫卖已经改成卖樱桃果子了。戴复古的《樱桃》诗云：

> 绿树带朱实，驱禽费弹丸。
> 独先诸果熟，堪奉五侯餐。

鸟儿总是最先得知果子成熟的消息，也总是最先品尝果子的滋味。樱桃红了，要准备驱赶这些会飞的盗贼啦。方岳的《山中》诗云：

> 暄风已惬绿阴凉，小簟初横六尺床。
> 如宇宙宽容膝地，与尘埃隔及肩墙。
> 鸟乌声乐樱桃熟，田舍人忙麦饭香。
> 留得壁间双不借，尚堪锄水共移秧。

初夏的时候，风，已经很暖了，不过，拂面而来感觉还是很舒服；太阳有点烤了，但树荫底下还是很凉爽。挨着半人多高隔开了喧闹的围墙，在浓密的绿荫底下，放一张竹榻；种地的人终于有收成了，满村子麦饭的香味，闻着，很开心；樱桃熟了，鸟儿们高兴地啼唱，听着，很悦耳。

据说王安石对生活的要求不高，尤其是对食物似乎很不敏感，他不挑食，完全是因为“食而不知其味”，不知道他是天生味蕾迟钝呢，还是吃东西心不在焉，总是不能专心品尝食物的滋味。可是他对樱桃似乎情有独钟，“野心探寻殊未已，更欲湔衣北城水。忽见碧树樱桃悬，下马恣食不论钱”（《饮裴侯家》）。他不仅吃，而且是不管不顾放开来吃，可见樱桃的味道有多诱人。守在树下，带露摘下的樱桃，消渴，解馋。苏轼的《樱桃》诗云：

独绕樱桃树，酒醒喉肺干。
莫除枝上露，从向口中溥。

樱桃的鲜润，伴着晶莹的露珠，这味道！坡仙，可愿意离开樱桃树？“赠满筠笼，偏暗触、天涯怀抱”（王沂孙《三姝媚·樱桃》），则是收到朋友送来的樱桃，他品尝过后，五味杂陈。

樱桃的好滋味，陆游写诗赞过：

槐柳成阴雨洗尘，樱桃乳酪并尝新。
古来江左多佳句，夏浅胜春最可人。（《初夏》）

夏季最可口的甜品是樱桃乳酪。初夏时分，啜一口乳酪，满口的奶香酸甜，令人难忘。

乳酪是发酵过的奶制品，古时一种地域特色非常明显的食品。据邯郸淳的《笑林》记载，有个吴地的人到了京城，有人请客吃饭，席上有酥酪，吴人不知道是什么，盛情难却，硬着头皮吃了。回到住处，吐得一塌糊涂，虚弱得起不了床。他叫来儿子说：“跟这种没有教养的野人一道死了，也没有什么遗憾，不过以后碰到这种食物，你一定要当心。”居然把不能吃奶酪当成临终遗言了。《世说新语·排调》也记载，太尉陆玩拜访丞相王导，王导拿出奶酪招待他，陆玩吃了回家就病了，第二天他给王导写信说：“昨天吃奶酪稍微多吃了几口，一夜都很不舒服。小民是吴人，几乎成了北方的死鬼。”《世说新语》中也有记载，王武子向陆机显摆他的几百斛羊奶。北朝的杨衒之在《洛阳伽蓝记》卷三中记载过王肃改变饮食习惯向北魏胡人示好的事：王肃刚入北魏，不吃羊肉，也不喝酸奶，经常吃的是鲫鱼羹，渴了就喝茶。几年以后，王肃和孝文帝一起吃饭，又吃羊肉又喝奶酪粥，这下轮到孝文帝诧异了。王肃回答孝文帝说，羊肉好比是齐国、鲁国这样的大国，鱼好比是小小的诸侯国，而茶只配给奶酪做奴仆。这番话一直遭到后人的讥讽，成为王肃没有骨气的铁证。《太平御览》引《晋太康起居注》记载，尚书令荀勖病了，很虚弱，皇帝下令宫中每天给他送乳酪。看起来，能让王肃变节的奶酪，不仅味道好，还富有营养。

梅尧臣在《送罗职方知秀州》中云：“陆云尝夸千里莼，便轻羊酪同埃尘。君今得郡正千里，已患无羊厌此珍。”已经很吃得惯奶酪了。《世说新语·言语》记载，吴地文人陆机拜访原籍是太原晋阳的侍中王济，王济指着羊酪问他：“你们吴中有什么可以比得上这种美味的？”陆机答道：“不加盐豉的‘千里莼羹’一样，就足够比得上了。”陆游的诗句“莼菜鲎鱼初满市，莫将羊酪敌南烹”（《春游》）表达的意思与陆机相似。而杨万里的《题吴江三高堂张季鹰》诗云：“鲈鱼不解疏张翰，羊酪偏能留陆机。”表明宋人早已改变对羊酪的看法了。这说明，在宋代，奶酪已经渐渐成为一种全民食品。宋代朝廷还专门设立了乳酪院，专门制造供应酥酪。《宋史·职官志》记载："乳酪院掌供造酥酪。"北宋末年西京留守邓某，曾经送百斤牛酥，向梁师成献媚。江端友的《牛酥行》讽刺道："有客有客官长安，牛酥百斤亲自煎。"可见奶制品是宋代很受重视的食品。南宋的陈起，收到朋友送来的新茶、菰干、黄独、乳酪，写诗曰："江南贵乳酪，此意兼金重"（《真静馈新茶菰干黄独乳酪约葵窗适安共享适安不赴葵窗诗来道谢次韵答之兼呈真静适安》），把乳酪看得珍贵。陆游的《戏咏山家食品》诗云："牛乳抨酥瀹茗芽，蜂房分蜜渍棕花。"尽管有人不能接受乳酪，可是乳酪味美，喜欢的人还真不少。黄庭坚《谢景叔惠冬笋雍酥水梨三物》诗云："秦牛肥腻酥胜雪，汉苑甘泉梨得霜。"曾几《谢胡帅饷酥》诗云："欲从底处觅膏润，凝香燕寝烹牛酥。"苏籀《游鼓山一首》诗云："乞浆满瓯牛乳粥，纵酒下箸驼蹄羹。"都不吝美言，众口一词称赞乳酪。

北宋的唐慎微在《证类本草》中说，酥，出自中原以外的地方，也有的是从益州来的，是用牛奶或羊奶做的，有一整套制作方法。佛经上说，牛奶做成酪，用酪做成酥，酥做成醍醐。陈与义诗云："醍酥乳酪元同味，羯末对胡更合堂"（《用大成四桂坊韵赋诗赠令狐昆仲》），醍醐是淡黄色的，用来做饼，口味肥腴丰美，主要是北方的饮食，也传到南方。袁说友用《谢侃老惠乳糕》一诗感谢深厚情谊："怜我齑盐薄，从渠乳酪鲜"，同时表明南方吃乳酪已经比较普遍。南宋阴时夫的《韵府群玉》也说是用奶做酪，再用酪做成酥。做奶酪，最好的时间是农历的四月到八月，也就是初夏到初秋这段时间。陆游《初夏》诗云："乳酪正甘酸。"曾觌《浣溪沙·樱桃》词云："金盘乳酪齿流冰。"陆游《夏日杂咏》诗云："食便餐酪美。"陆游《食酪》诗云：

南烹北馔妄相高，常笑纷纷儿女曹。

未必鲈鱼芼菰菜，便胜羊酪荐樱桃？

乳酪与樱桃同食，味道隽永鲜美，令人难忘。辛弃疾《菩萨蛮·坐中赋樱桃》诗云："香浮乳酪玻璃碗。年年醉里尝新惯。"陆游《初夏幽居偶题》诗云："朱樱羊酪喜新尝"，一个"喜"字，侧面写出这道甜品的美味。口感丰富的甜点，总是和某种情愫联系在一起，晁冲之《乐府二首》中"一座空烦春笋手，玉杯乳酪贮樱桃"与洪子大《浪淘沙·樱桃》中的"多情更有酪浆寒"已经暗含男女欢情的描写。无名氏的《南歌子》更是把甜品和暧昧结合起来写："更将乳酪伴樱桃。要共那人一递、一匙抄。"看起来很俗的亲昵动作，表现得却很优雅。

如今我们要制作樱桃乳酪，实在是太方便了：将樱桃剖开，去核，装在盘子或碗里，淋上酸奶或者冰激凌，就大功告成了。讲究一点的，会用精美珍贵的器皿来映衬樱桃的莹红、乳酪的凝白，色更佳。

粽子和麦饭：玉碗冰寒消暑气

农历的五月，已是初夏。早晚凉爽，中午太阳暴晒，炎热难当。又热又饿地从外面回来，什么饭食又抵饿、又清火？最好是一个凉粽子。“酪美朱樱熟，菰青角黍香。翛然一竹几，饱受北窗凉”（陆游《五月一日作》）。“箨包角黍，花点菖蒲。香浮毛乳，清透肌肤”（释绍昙《偈颂一百零四首》其五十三）。“旋剥青菰香满手，试餐黄颗软粘唇”（项安世《食角黍怀江陵》），这是莫大的享受。粽米清透白润，像美人的肌肤，“粽剥雪肤明席上，酒倾玉骨映杯中”（孔武仲《铜陵县端午日寄兄弟二首·寄季毅》）；“而今魔难管全无，一似粽儿黏腻”（无名氏《失调名》），“角黍包金，香蒲泛玉”（黄裳《喜迁莺·端午泛湖》），粽子软糯可口，粽叶颜色翠绿。宋代人会吃，“菰饭沾花蜜”（项安世《重午记俗八韵》），“菰粽蘸蜜彩作丝，竹萌尚箨榴未子”（陈造《次韵梁广文重午吊古》），喜欢吃甜粽子的，蘸点蜜糖，味道更佳。

宋代时的粽子叫角黍，陈元靓的《岁时广记》引《岁时杂记》

云:“端五因古人筒米,而以菰叶裹黏米,名曰角黍相遗,俗作粽。”白玉蟾《端午述怀》中道:“龙艘破浪桨万枝,钲鼓聒天旗掣水。纸钱飞起屈原祠,行人往来如蚁移。桐花入鬓彩系臂,家家御疫折桃枝。庭前绿艾制绿虎,细切菖蒲斟绿醑。羹鹅鲙鲤办华筵,冷浸水团包角黍。”“菖蒲角黍家家节”(赵长卿《醉落魄·重午》),“香菰黏米著佳名,古俗相传岂足矜”(欧阳修《端午帖子·皇帝阁六首》),青箬叶裹着糯米的粽子,是沿袭了自古以来的风俗。“桥边来淬劚桑斧,池畔行芟缚粽菰”(陆游《村居初夏》),“采丝缠粽动嘉辰”(王珪《端午内中帖子词·皇帝阁》),五彩丝线缠粽子,也是节日食俗的一种。“李核垂腰祝饐,粽丝系臂扶羸”(范成大《夏至》),“蜜粽冰团为谁好?丹符彩索聊自欺”(范成大《重午》),“盘中共解青菰粽,衰甚犹簪艾一枝”(陆游《乙丑重五》),粽丝缠到了胳膊上,艾草簪上发髻,更有了祈福的寓意。宋代粽子的形状很多,《武林旧事·端午》记载:“巧粽品种不一,至结为楼台舫辂。”《岁时广记》引《岁时杂记》说:“端午粽子,名品甚多,形制不一,有角粽、锥粽、茭粽、筒粽、秤锤粽,又有九子粽。”“香黍筒为粽,灵苗艾作人”(欧阳修《端午帖子·温成阁四首》),这是描写筒粽;“团粽明朝便无味,菖蒲今日么生香”(杨万里《端午独酌》),这是描写团粽;“争新九子粽,竞巧五时花”(周必大《端午帖子·皇后阁》),“九子粽香仙醴熟”(晏殊《端午词》),这是描写九子粽。陈元靓的《岁时广记》还记载了粽子里包的东西:“或加之以枣,或以糖。近年又加松栗胡桃姜桂麝香之类，近代多烧艾灰淋汁煮之。”

粽子既然是节日食物，就比普通饭食多了一层含义。“菰黍连昌歜，琼彝倒玉舟”（苏轼《南歌子·游赏》），吃着粽子唱着歌，表达过节的快乐；“又凄凉、蒲觞菰黍，异乡重午”（吴潜《贺新郎和刘自昭俾寿之词》），表达了游子的凄楚之情；“香蒲角黍，对暑悄无言，梅雨细，麦风轻，怅望空垂泪”（杨无咎《蓦山溪·端午有怀新淦》），“菖蒲角粽俱如旧，何事樽前醉不成”（孔武仲《铜陵县端午日寄兄弟二首寄经父》），表现了端午时的孤寂之情；“朱符不写湘累恨，角黍难包楚国羞”（黄庚《端午月山主人酒边即事》），表达怀古之情；“想沉江怨魄归来，空惆怅、对菰黍”（晁补之《消息》），这是面对粽子时生发的无尽感慨。

初夏季节，有很多人家，隔年陈粮已经吃完，麦子还没有收上来，于是“摘荠捣麦充晨炊”（白玉蟾《端午述怀》）。麦饭，在一些人家的餐桌上开始成为主角。杜范的《贻富室翁》诗云：

> 葱疗丹田麦疗饥，葱羹麦饭两相宜。
> 请君试上城头望，多少人家午未炊。

是对“比上不足比下有余”处境的慨叹。

麦饭，有人说是用磨碎的麦子煮成的饭。邵定翁的《麦饭熟》诗云：

麦饭熟，儿莫哭，
阿爷捣麦麦煮粥。
煨一虾，
配麦粥，饱儿腹。

麦子还没有收上来，孩子饿得直哭，当爹的撸了几个麦穗儿，把麦子捣碎了煮粥给孩子吃。还抓了一只青蛙，在火上烤熟了，给孩子当菜，这是一顿匆忙应急的饭食。另一种麦饭的做法略微考究：把还带着青的麦穗儿炒熟，抹去壳，把青青的麦粒儿喂进石磨眼，石磨转啊转，转出来一条条小拇指粗细、菊青色的面粉条儿，叫“麦索子”；磨好，盛一碗麦索子，搁点调料，特别香。有的人家是添一锅水，把麦索子煮成一锅粥。这两种都是临时应急的法子，有点杀鸡取卵的意思，农民轻易不这样吃。陈师道有“顾我如麦饭，犹足填饥肠”（《赠鲁直》）的诗句，把自己比作救急的麦饭，这是对自己人品的肯定。新麦成熟以后，收上来，农民做的麦饭，虽然制作工艺相似，但情形就大不相同了。把麦子撸下来，炒熟，去壳，磨出麦索子，然后把麦索子使劲搅和、揉搓，在盆底搓成一片片，滚水下锅，淋上葱油、调料并加入香菜。吃这样的麦饭，是喜庆的。陆游的《初夏闲居》诗云：

煮酒青梅次第尝，啼莺乳燕占年光。

蚕收户户缫丝白，麦熟村村捣麦香。
民有裤襦知岁乐，亭无桴鼓喜时康。
未尝一事横胸次，但曲吾肱梦自长。

风调雨顺，蚕事兴盛，麦子丰收，喝着青梅酒，听着莺歌燕语，心情特别愉悦；没有心事压着，睡得特别香甜。方岳的《山中》也描绘了初夏时节的惬意："鸟乌声乐樱桃熟，田舍人忙麦饭香。"樱桃熟，麦饭香，农夫虽然忙碌辛苦，但是心情愉快。刘应时的《过田家》诗云："更遣儿童炊麦饭，殷勤相劝且徘徊。"天气虽然阴沉，但是人们的心情却很明朗，饮着庆贺丰收的酒，期待秋天的丰收，于是互相劝勉多加餐饭。

"东家麦饭香扑扑"（方回《扣角》），"今年麦饭滑流匙"（崔敦礼《喜晴》），"一雨及时晴又佳，江村农父话喧哗。旋炊麦饭非常饱，笑指苗田不用车"（刘应时《雨后访田家》），"时雨及芒种，四野皆插秧。家家麦饭美，处处菱歌长"（陆游《时雨》），"日长处处莺声美，岁乐家家麦饭香"（陆游《戏咏村居》）……麦饭香扑鼻，诗情如泉涌，乡土气息极其浓郁的简单饭食——麦饭，给人们带来了多少欢乐啊！

冷淘：一杯为洗太官膻

冷淘，一种夏令冷食，在宋代很受欢迎。不过，冷淘并不是始于宋朝。《唐六典》记载："太官令夏供槐叶冷淘。凡朝会燕飨，九品以上并供其膳食。"宋朝人吃的槐叶冷淘，常常不是特意用来消暑的食物，而是一道冷菜，在槐树刚发芽时采下来做成菜尝鲜。苏轼的《二月十九日，携白酒、鲈鱼过詹使君，食槐叶冷淘》诗云：

> 枇杷已熟粲金珠，桑落初尝滟玉蛆。
> 暂借垂莲十分盏，一浇空腹五车书。
> 青浮卵碗槐芽饼，红点冰盘藿叶鱼。
> 醉饱高眠真事业，此生有味在三余。

这顿美餐，首先就是一场视觉盛宴。眼前，是熟透的金灿灿的枇杷果；案上，晶莹的美酒盛在莲花样的洁白酒杯里，蛋青色的碗里是青玉一般的槐芽饼，堆着碎冰的盘子里，摆放着切片薄片的粉红色的鱼片。

“冷淘”的“淘”如何解释？《齐民要术·飧饭》曰：“洗米则沙砾去，故淘亦每用为澄汰之辞，因谓去井浊曰淘井，洗沙取金曰淘金。”也就是说，淘，是淘洗的意思，是制作食物的工序之一，称之为“……淘”，就像现代人说“……煲”之类。林洪的《山家清供·地黄馎饦》中提到的“地黄冷淘”，原料是地黄，“淘”是制作方法，“冷淘”相当于现代奶茶或甜品里的“魔芋豆腐”、凉粉（有的地方叫芝麻糊）之类的。“冷淘”的“冷”，是自然冷却，冷却下来后凝结成固态，这就是冷淘了。作为夏令食物，为了更“冷”，可以冰镇，也可以用深井水浸着。晁说之的《招圆机吃槐叶冷淘》诗中“槐叶冷淘来急吃”相当于“趁着凉快吃吧”。不喜欢冷食的人，如苏辙，就觉得是受罪，“冷淘槐叶冰上齿”（《逊往泉城获麦》）；梅尧臣有诗《依韵和邵不疑寄杜挺之以病雨止冷淘会》，从标题就可以了解，因为下雨气温低，冷餐会就取消了。有人则特别爱吃，王铚的《默记》记载，富弼还是个举人时，跟欧阳修交往甚密。欧阳修家有个老妇人特别会做冷淘，富弼也特别喜欢吃。只要是哪天老妇早晨起来交代厨房里准备做冷淘的食材，那一天富弼就一定会来。欧阳修觉得很奇怪，问老妇人是什么缘故。老妇人说，我年纪大了睡不着，只要哪天夜里听到围着宅院有车马的声音，富秀才第二天就一定来。于是，欧阳修知道富弼一定会大富大贵。

宋代诗人吃的冷淘，食材大多为槐叶，这个习惯可能源于唐代诗人杜甫的诗《槐叶冷淘》。梅尧臣的诗《和范景仁王景彝殿中杂题三十八首并次韵其十宫槐》，先是描绘大槐树的英姿："汉家宫殿荫长槐，嫩色葱葱不染埃。天仗龙旗穿影去，钩陈豹尾拂枝来。"仔细描绘槐树高大粗壮，枝繁叶茂；结尾却转到了吃："我意方同杜工部，冷淘唯喜叶新开。"不由得让人忍俊不禁。宋人提起冷淘，似乎必指槐叶，"槐叶今朝得饱供"（徐集孙《谢偃溪惠索淘》）；等不及槐叶长成，急着尝鲜的人也不少，如"佳哉冷淘时，槐芽杂豚肩"（陆游《春日杂题》其四）；"荠菜挑供饼，槐芽采作菹"（陆游《幽居》）。还有人把槐叶冷淘与笋片同食，"槐淘参玉版"（陈著《龄叟以诗来寿余次韵以复》），晶莹碧绿的槐叶冷淘和雪白的笋片一道摆盘，真的是美食生香。偶尔也有尝试用别的植物嫩芽做冷淘的，"葱臛冷淘夸甚滫"（梅尧臣《至灵壁镇于许供奉处得杜挺之书及诗》），滫，古代烹调方法之一，是用淀粉拌食物，使之柔滑；梅尧臣用来夸赞肉冻的口味凉爽。再如陆游的《对食戏作》，这首诗描述了他用皂角树的嫩芽做冷淘，"皂荚芽新簇冷淘"。王嵒则说："卓家楼上百淘香"（《杪春寄友人》），冷淘的花样更多。王禹偁有诗《甘菊冷淘》云：

淮南地甚暖，甘菊生篱根。
长芽触土膏，小叶弄晴暾。
采采忽盈把，洗去朝露痕。

俸面新且细，搜摄如玉墩。
随刀落银镂，煮投寒泉盆。
杂此青青色，芳草敌兰荪。
一举无孑遗，空愧越碗存。
解衣露其腹，稚子为我扪。

用幼嫩的甘菊嫩叶，和上新面，“淘”成玉一般透明的一团，快刀切成条，再用冷水激一下，爽口的美食，不知不觉就吃撑了。诗里描绘的甘菊冷淘做法，与林洪《山家清供·槐叶淘》所介绍杜甫诗中说的“槐叶冷淘”几乎相同。项安世一连作《周子问作荞麦面冷淘》诗两首，说“一杯为洗太官膻”，大赞冷淘的清爽，“半和麰粉借微坚”是说做冷淘时加点面粉，冷淘的口感就能稍稍坚韧一点。从李之仪的《问傅子渊求冷淘醋》一诗可知，冷淘是以“醯酱”佐食的，醯是醋，醯酱是醋酱。

冷淘，清冷透亮，入口清凉，受到广泛欢迎。明代谢肇淛的《五杂组》记载一则逸事，说苏轼与秦观争论虱子到底是因为身上的垢腻所生还是棉絮所生，争执不下，就约定第二天找佛印做裁判。结果，两个人分别连夜悄悄前脚后脚去找佛印，都叫佛印按照自己说的仲裁，并且分别答应设宴请佛印吃馎饦、吃冷淘。第二天，苏轼秦观吵到佛印跟前，佛印说，这件事很好解释，虱子是因为有垢腻长了身子，因为有棉絮长了脚。好了，你们两个一个先请我吃馎饦，一个再请我吃冷淘。由此可见，冷淘是一道美餐。

冷淘这个说法如今不再用，可是到了夏天，想吃冷淘却更方便，这就是凉粉。自己做凉粉也很方便，把淀粉和凉水在锅里搅开搅匀，搅成水淀粉，一边烧，一边不停搅动，等到水淀粉变得透明，关火，倒入一个容器里，慢慢冷却。全部凉下来的时候，就能很容易地倒扣出来了。想凉得快一些，可以放到冰箱的冷藏室里凉透，切成块儿或条儿，拌上调料拌匀，开吃！

被有些人误以为是冷淘的凉面，也是炎夏里的一道美食。《帝京岁时纪胜》上说，夏天，京城里家家都吃凉面，凉面又叫过水面，“爽口适宜，天下无比”。南宋末年陈元靓的《事林广记·饮馔类·翠缕冷淘》一节具体介绍过凉面的做法，类似苏轼“翠缕冷淘”的做法，而苏轼则是把唐人的槐叶冷淘做法用在面食里：采下鲜嫩的槐叶，用石磨研出绿汁，然后用这绿色的汁和面。和成的面团经反复揉搓之后，擀薄，切成长缕，下入急火沸水中煮熟，最后投入冷水中浸凉。于是，条条“碧鲜俱照箸”，并且入口“冷于雪”（杜甫《槐叶冷淘》）。据说，不论配哪一种浇头，这种冷面都滋味甘美。宋代的夏日，也有人做美味的肉末凉面、银丝凉面，给苦夏的人增加营养。《山家清供》中有“自爱淘”一篇，说的也是凉面。先炒葱油，用作料将切碎的菜末调好味道，也可以加点豆腐或豆腐乳。面条煮熟后过凉水捞出，浇上葱油和菜齑，吃完后再来一碗热面汤，是盛夏里充饥又补身体的美味。

消暑水果：冰盘朱李冷熨齿

司马光有一首诗《和潞公伏日晏府园示座客》，描述了夏天的一场盛宴，可是“炎蒸疑远避”，大热天的没有觉得热，因为他们有“冰果侑传杯”。盛夏酷暑，吃着冰凉的水果，真是一种特别的享受。宋代自然没有电冰箱，可是宋人有“土冰箱”，它不仅可以冷藏水果，还可以用来藏冰。其实，夏天能吃到冰镇冷饮，很早就有了。周代有一个官名叫“凌人”，这个官员就是专门掌管藏冰之事。“凌”，相当于现在的冷库。到宋代有个专门机构叫“冰井务”，《宋会要辑稿·食货志》中记载：“冰井务，在夷门内，掌藏冰，以荐宗庙，给邦国之用。以内侍一人监。建隆二年[①]，诏置冰井务，隶皇城司。”人事安排上有专门机构，非常正规。马之纯有诗《藏冰井》云：

向日周家有凌人，后来此事特相因。

① 建隆二年为公元 961 年。

冬时室内收藏早，夏日宫中给赐新。
但得满盘堆水玉，不须对面着风轮。
看来深阔能多少，调得阴阳冷热均。

有了冰井，随时能调用冰块驱暑，令人感觉舒适而神奇。宋代的冰井，是专门用来藏冰的地窖，也就是现在说的冷库。陈师道在溽暑之中，怨恨老天“暑雨不作凉，爽风只自高”的时候，猛然一下子感受到“洒然堕冰井，起粟竖寒毛”（《魏衍见过》），逼真地描绘了温差悬殊的体感。任诏有《冰井》一诗，描绘他到远离人群的地方去看“冰井”：

驱车出东门，弭节访冰井。
寺古栋宇倾，碑折苔藓屏。
源泉池中生，莹净可鉴影。
命僧旋汲之，入口胜霜冷。
试烹白云茶，碗面雪花映。
清冷涤烦襟，润泽劳瓶绠。
可以濯我缨，悠然脱尘境。

坐车出了城门，到山里去看冰井。老寺的屋顶倾斜破败，已经摧折的石碑上满是苔藓。平静的水面明净得可以当镜子，喝一口，感觉比霜还要冷。这么清冷的水，不仅一下消去暑气，也荡涤心中的尘埃。这不是藏冰的冷库，而是山林里深深的老井。

这种冰井，是相当凉爽的。陈执中的《题苍梧部》一诗也说“冰井频窥爽发肤”。“冬冰冽冽虽可畏，夏冰皎皎人共喜”，骄阳似火的日子里,有了冰,“胸烦肺涸聊一苏”(孔武仲《食冰》),聊解溽暑之苦。有一个夏天，又老又病的梅尧臣苦苦熬煎，枯瘦的身体长满了痱子。宫廷给近臣们发送了冰块，让他们嚼冰解暑，欧阳修分了一大块冰给梅尧臣，“莹澈肖水玉，凛气侵入肌”,“巨块置我前,凝结造化移”,凛然的寒意让梅尧臣顿感舒适,“畏冷不敢食”,梅尧臣身体太弱了,没敢吃这块冰,“虽然已快意,何必咀嚼为”（梅尧臣《中伏日永叔遗冰》），已经充分享受了冰块带来的清凉。“赤日途中嚼冰雪”,“一时邂逅犹快意”(陈著《偶成》)，顶着烈日奔走，热得苦不堪言，哪怕是短暂地抵挡暑热，也能快乐很久。在“动息汗流珠，无风可涤除”（叶茵《酷暑》）的酷暑里,“咀嚼冰雪如饧乳”(邓忠臣《初伏大雨戏呈无咎》),“席地捧冰水”（叶茵《酷暑》），一线冰凉，从口腔注入胸臆，顿时屏退暑气，凉彻全身，这是多么惬意啊。夏天，住在像蒸笼一样的屋子里,到中午时分,更像是被一把巨大的火伞罩着的时候,“难学孙儿频饮冷，时将冰水洗霜须”（楼钥《午暑》），即便是不能像年轻人那样喝冰水降暑热，就是用冰水洗洗白胡子，也能稍稍凉快些!

宋代人不仅在冰井里藏冰，还冷藏各种水果、酒水饮品。苏轼《端午帖子词》曰:“水殿开冰鉴，琼浆冻玉壶。”诗中所说的冰鉴，就是个保鲜铁盒子，冷藏的是酒水。在“流金焦土天六月，腹欲生菌头生蝇”的季节里，“稍收瓜李入饤饾，冻酎照碗玻璃明”，感觉是“恍然坐我风露下，濯以三峡吞层冰”（李弥逊《夏日邀客饮月下偶作》），的确惬意。

宋代袁文在《瓮牖闲评》中写道：“自古藏冰盖有用也，见于《周礼》并《诗》。至本朝始藏雪，今余乡亦能藏雪，见说初无甚难，藏雪之处，其中亦可藏酒及柤梨橘柚诸果。久为寒气所浸，夏取出，光彩粲然如新，而酒尤香冽。”宋代以前古人藏冰，宋代开始藏雪，并且用雪冷藏各种水果，还发现把水果藏在雪里比冻在冰里更能保持水果的原貌原味。在盘子或者盆里放置碎冰块，加上酒或者水果，端上各种冰镇水果的拼盘，真的是“冰盆荔子堪尝。胆瓶茉莉尤香。震旦人人炎热，补陀夜夜清凉”（刘克庄《清平乐·居厚弟生日》）。赵以夫《荔枝香》词曰：“冰盘快剥轻红，滑凝水晶皱。”剥开冰盘里的荔枝，晶莹剔透的荔枝肉微微带点皱褶，“细度冰霜新调”，细细体会冰霜下的鲜甜滋味。陈与义《虞美人·邢子友会上》曰：

超然堂上闲宾主。不受人间暑。冰盘围坐此州无。却有一瓶和露、玉芙蕖。

亭亭风骨凉生牖。消尽尊中酒。酒阑明月转城西。照见纱巾藜杖、带香归。

明明是在炎夏，却没有受到暑气熏蒸，是因为围坐冰盘而且还是坐在荷塘中央的台榭中，习习凉风从窗户吹进来。张辑的《浣溪沙·寿老母》云：“冰盘巧簇映金瓜，荷香飞上玉流霞。”是说享受冰镇香瓜的美味和清凉。“熟果樱桃和露摘，新冰削玉辟风开”（张孝祥《舟中热甚从鄂守李寿翁乞冰雪樱桃》），“藕丝冰水敌时暑”（白玉蟾《夏五即事》），暑热炙烤中，来一盘这样的小吃，煞是爽快！

在宋代，用冰祛暑，毕竟奢侈，盛暑中的冰，是高官和富贵人家的享受，不是谁都能有资格用冰、用得起冰。那么，深深的古井，也恰似今日的电冰箱的冷藏室。“待凿平江百尺井，要分清暑一壶冰”（苏轼《白鹤峰新居欲成，夜过西邻翟秀才》），“密荔凉深泉”（方回《七月三日朱用和罗弘道同访南山无竭师》）。把瓜果放在井水里泡着，吃起来也凉爽宜人，于是，“暑节近浮瓜”（方回《次韵志归》），“浮瓜复沈李”（孔武仲《游籍田》），“浮瓜寒水碧”（陆游《雨后绝凉偶作》），“寒水浮瓜散郁陶”（杨亿《中伏日省中当直》）。这时与友人共享，“我有浮瓜沉李约”（白玉蟾《夏五即事二首》其二），“客至共浮瓜”（杜柬之《云安玉虚观南轩感事偶书》），是一件众乐乐之事。若是没有深井，到深山里的冷泉边，也足以避开炎暑，“暑天常似秋”（苏籀《大暑忆灵隐寺冷泉》）。

作为普通人家，没有冰水祛暑也就罢了，常常是连井水也没有，也不可能携家带口住到山林，享受冰井，“山市冰难致，家园蒜自珍”，只能因地制宜，利用身边的食材自己制作消暑的食物，诸如“黄芽冷香饮”（方回《仲夏书事》）之类。有人用石香薷草和泉水来煮成防暑降温饮料，“石薷煮透山泉香”（艾性夫《次韵旷翁四时村居乐》），“月明薝卜香”（陆游《夏夜》）。陆游还有《夏日》诗云：“斫取溪藤便作香，炼成崖蜜旋煎汤。萧然巾履茅堂上，不畏人间夏日长。”有人吃苦笋清火祛暑，“纷纷夏箨中，独养岁寒身”（陈著《谢国英送苦笋》）。

炎炎夏日，最应时的当然是西瓜啦。李觏《夏日郊园》诗云“寒气入甘瓜”，“泉冷甘瓜开碧玉”（陆游《夏日晚兴》），“数片甘瓜碧玉香”（虞似良《诗一首》），“已擘荔枝怜玉破，更开瓜碧嚼冰清”（晁公溯《鲜于东之晋伯之子赠诗次韵》），顾逢《西瓜》一诗详细描述：

多处淮乡得，天然碧玉团。
破来肌体莹，嚼处齿牙寒。
清敌炎威退，凉生酒量宽。
东门无此种，雪片簇冰盘。

西瓜的形貌，看起来就清爽。切开西瓜，嚼着西瓜瓤，就觉得冰爽可口，这样的享受，也是很难得的，真的是“下咽顿除烟火气，入齿便作冰雪声”（文天祥《西瓜吟》）。

最有远见的，当数陈郁了，他的《制梅花汤》诗云：

南枝开处觅春光，摘得冰葩密瓮藏。
留煮牛汤消暑渴，吟骚牙颊有浮香。

还是在冬天的时候，他就采下梅花藏在瓮里密封起来，等来年夏天用来煮汤，消暑解渴，喝过之后，就连脸上都有香味发散出来！

饮料：清寒如在玉壶中

赤日炎炎，喝什么才能消暑？是饮料。那么，宋代人都喝些什么呢？诗人记录下来的，有“饮子”和“熟水”。与饮冰嚼雪不同的是,诗人们喜欢的“饮子”和“熟水”,大部分都是热饮。

“开心暖胃门冬饮，知是东坡手自煎”（苏轼《睡起，闻米元章冒热到东园送麦门冬饮子》）。饮，就是饮料。门冬的功效是滋阴润肺、益胃生津、清心除烦，驱除暑热引起的烦躁。对于苦夏吃不下饭的人，门冬更是良药，受到普遍欢迎。

《武林旧事》和《东京梦华录》记录了宋代街市上夏天大卖的各种冷饮，可是出现在宋代诗词里的品种却很少，诗人们似乎更加关注有保健功能的饮品。章甫的《分题得草果饮子》说的是把药饮当冷饮的：

神农书本草，有美生南州。
春华穗端垂，仿佛芙蓉秋。

青囊贮嘉实，璀璨安石榴。
香味极辛烈，果中第一流。
磊落入盘饤，和羹充肴脩。
温中与下气，功用亦罕俦。
苞苴走四海，药笼必见收。
吾老苦病暍，淡味空频投。
作饮近得此，选择知独优。
碧井沉银瓶，斟酌得自由。
蔗浆已觉俗，茗粥良可羞。
乃知古圣人，收拾靡不周。
日遇七十毒，纵死夫何忧。
但吾赤子多，疾苦庶有瘳。
大哉仁者心，当与天地侔。

草果，生长在温暖湿润的南方，春天的时候开满了花，好像是秋天的芙蓉；挂果的时候，就像是美人的颈饰；果子成熟的时候，就像是晶莹光亮的石榴籽。草果有着浓郁的辛香味，可以称得上是第一流的果子。草果可以用来作为菜肴的配料，也可以放在羹汤里提味；可以温胃散寒，调理脾胃虚寒；如果气逆不适，比如想要咳嗽而有气上冲，或者感觉胃中有气上冲，用草果调理也很对症。出远门时带点草果，就可以不用背个药笼子了。诗人说，自己年纪大了，每到夏天就容易中暑，选用过不少饮子，发现草果饮子特别管用。草果饮子做好以后，灌到瓶子里，用长长的绳子吊着，沉到深井里，想喝的时候提上来倒上一杯，非常方便。草果饮子清凉宜人，喝过之后，就觉得甘蔗浆甜得太俗，就是茶粥也只马马虎虎比得上。于是就深感古代圣人真是太了不起了，收集整理出这样的好方法，想得太周到了。诗人说，古有神农大圣人，品尝百草，一天遭遇了七十二种毒物，就是死了也没有什么可以担忧的，但是普天之下这么多人，有这样的好东西，就可以略微少受一点罪了。

杨万里的《谢岳大用提举郎中寄茶果药物三首·紫团参》一诗描述他收到馈赠的紫团参，自己动手做饮料：

新罗上党各宗枝，有两曾参果是非。
入手截来花晕紫，闻香已觉玉池肥。
旧传饮子安心妙，新捣珠尘看雪飞。
珍重故人相问意，为言老矣只思归。

古时的山西上党盛产人参，又数紫团山出的人参为最佳。南北朝时陶弘景著的《本草经集注》中就说“上党人参，供不应求”。《梦溪笔谈》也记载，王安石为相时，因患咳喘病急需紫团参，却怎么也买不到，薛师政从山西给他带了几两紫团参，他却不肯收。有人劝他说：“您的病，就得用这个药治。您的病令人担忧，这点药不能推辞。”王安石说：“平生没有紫团参，我不也活到了今天。”坚决不收。这个故事活画出一个“拗相公”的形象。杨万里在这首诗里则是渲染了紫团参的形状、香味，拿它做饮子，用来安心养神，并且表达了对岳大用的感谢以及自己对官场的失望之情。

宋代的夏天，有一群雅人喝的是熟水。熟水，顾名思义就是熟的水，也就是烧开的水里加特定的植物或果实煎泡，有点像现代的花茶、果茶。易少夫人有词《临江仙·咏熟水》，描绘“何处甘泉来席上，嫩黄初汤银瓶。月团尝罢有余清”，称赞“相如方病酒，一饮骨毛轻”的功效；另一首《临江仙·咏熟水话别》则云“记得高堂同饮散，一杯汤罢分携”，透出淡淡的别离忧伤。吕本中的《西江月·熟水词》云：

> 酒罢悠扬醉兴，茶烹唤起醒魂。却嫌仙剂点甘辛。冲破龙团气韵。
>
> 金鼎清泉乍泻，香沉微惜芳薰。玉人歌断恨轻分。欢意厌厌未尽。

饮酒之后闻到了茶香，以为是烹茶醒酒的惯例，没想到里面稍稍放了些神秘的东西，有些辣辣的香气，冲开了茶叶温和的气息。倒进杯子里的，是带着复合香味的清澈泉水。在特别焦渴之际，一杯熟水，饮来特别舒畅，“呼童夜半一杯汤，盎盎天和入肺肠”（钱时《夜索熟水甘甚》）。

杨无咎有一首《清平乐·熟水》云：

> 开心暖胃，最爱门冬水。欲识味中犹有味，记取东坡诗意。笑看玉笋双传，还思此老亲煎。归去北窗高卧，清风不用论钱。

这首词显然是受到苏轼诗的影响。美女白皙如玉笋的双手端来门冬熟水，是诗人喜欢的开心暖胃消暑饮料。一碗爽口的饮料，他喝出了“味中味”，他领略了苏轼的诗意，他想到苏轼曾经亲自熬过门冬水，他想回家之后，也要像苏轼一样，然后悠闲地躺在北边的窗户下,享受着大自然慷慨赐予的清凉。李清照有《摊破浣溪沙》云：

> 病起萧萧两鬓华，卧看残月上窗纱。豆蔻连梢煎熟水，莫分茶。
>
> 枕上诗书闲处好，门前风景雨来佳。终日向人多酝藉，木犀花。

说的是豆蔻熟水用来调理身体。一向抱恙，终于好一点了；暑湿脾虚，熟水正好对症。分茶，一是不适合调理，二是也没有人可以同享清茶啊！全词意境清静寂寥，情绪孤苦哀愁。希望行气温中的豆蔻熟水能化解暑湿，消去内心郁积的烦闷，给女词人些许安慰。元代的《居家必用事类全集》介绍了豆蔻熟水的做法："白荳蔻壳拣净。投入沸汤瓶中。密封片时用之极妙。每次用七个足矣，不可多用。多则香浊。"好在做起来还是挺方便的。

据记载，北宋的翰林司曾经为熟水鉴定优劣，分出品级，紫苏熟水因为"能下胸膈滞气，功效最大"，为最上品；沉香熟水次之；麦门冬熟水又次之。紫苏用在饮食方面，有两种作用，一种作用是去腥提鲜，吃白切猪肉、白切鸭肉等菜肴时，蘸着鲜紫苏叶和嫩姜捣烂加盐的调料，清香爽口；也可以将鲜紫苏叶加大蒜头、食盐捣烂作为凉拌菜，芳香清鲜。紫苏的另一个作用就是解毒去火。章甫曾有《紫苏》描述：

紫苏品之中，功具神农述。
为汤益广庭，调度宜同橘。
结子最甘香，要待秋霜实。

能喝到紫苏熟水，大热天出门就没有后顾之忧了。"未妨无暑药，熟水紫苏香"（方回《次韵志归十首》）。元代的《居家必用事类全集》详细介绍了紫苏熟水的做法：紫苏叶放在纸上焙干，闻到香气就可以用开水冲泡了。需要多少焙多少，需要多少泡多少，这是因为紫苏叶的芳香物质容易挥发，不宜久煮久泡，通常开水泡一会儿就可以了。紫苏熟水不能喝冷的，温热的才有益于健康。

杨无咎有《朝中措·熟水》一词，咏赞的是沉香熟水：

> 打窗急听□然汤。沉水剩熏香。冷暖旋投冰碗，荤膻一洗诗肠。
>
> 酒醒酥魂，茶添胜致，齿颊生凉。莫道淡交如此，于中有味尤长。

元代的《新编纂图增类群书类要事林广记》中记载了沉香熟水的做法：用一片干净的瓦在火里烧红，取出平放，取小片沉香放在瓦上焙，将瓶子倒扣瓦上，让烘焙沉香的香气充满瓶子，掉转瓶子后赶紧把开水倒进瓶子里，盖紧盖子。这种制作熟水的方法很特别，不是把沉香放在水里煎汤，而是像词中所说，香炉上的沉香薰烟凝结在倒扣茶瓶的内壁，把茶瓶翻转过来，倒进热水，密封瓶盖，待自然冷却到温温的时候，立刻倒进碗里。宴席之后，喝一碗飘着淡淡香气的沉香熟水，油腻辛辣立即解除，荤膻一洗，备感清爽。诗人进一步引申道：别说香气淡雅，君子之交就是这样，唯有如此淡淡的高雅纯净，才能回味悠长。史浩的《南歌子·熟水》亦云："浓熏沉麝入金瓶。泻出温温一盏、涤烦膺。"喝着沉香熟水，感受到"主人襟韵有余清"，因此"不向今宵忘了、淡交情"。

宋代熟水入诗词的，还有鸡苏熟水。杨无咎《点绛唇·瓦枕藤床》云："瓦枕藤床，道人劝饮鸡苏水。"鸡苏水能治疗"邪热诸病"，还能养生保健，盛夏时作为解暑饮料，是再合适不过的了。

莲藕：小须夏日醉满荷

夏天来啦。

宋代的夏日，没有空调，没有电扇，即便是达官贵人，也不能处处带着冰，天天嚼着雪；也不能总是躲在屋子里不出去。哪里可以避暑气？王迈《七月望后二日西湖会饮酒酣分韵赋诗得荷字》中说："波平烟雾晚风和，船到湖心水没篙。凉绝不知三伏暑，醉酣齐唱八仙歌。"叶梦得《浣溪沙·送卢倅》词也赞道："荷叶荷花水底天，玉壶冰酒酿新泉。"荷塘，原是一个清凉世界啊！而且，到得荷塘里，不仅仅是享受水面上刮来的凉风荷香，作为"吃货"，还有着实实在在的满足。

荷叶可以做酒器饮酒。欧阳修《渔家傲》：

花底忽闻敲两桨，逡巡女伴来寻访。酒盏旋将荷叶当。莲舟荡，时时盏里生红浪。

花气酒香清厮酿，花腮酒面红相向。醉倚绿阴眠一饷。惊起望，船头搁在沙滩上。

眼前是密密层层的荷花，正凝神赏花，忽然听到荷花深处传来船桨碰在船舷上的响声，原来是女孩子结伴在荷花下穿行。采下荷叶当作酒盏，放开船桨，就让小船儿随波自在游荡。酒在酒盏里摇摇晃晃，倒映着荷花粉红的花影；荷花的清香和酒香混合，令人陶醉。酒，被荷花映红；脸，却渐渐地真让酒染红。醉了，醉了，就斜靠着船帮，在荷叶的绿荫下睡一会儿，睡……一……会……儿……猛地醒来，呀！小船儿已经搁浅在沙滩上啦！炎热的夏天，这份清凉，荷塘之中，小船之上，真的是快活似神仙了。

“酒盏旋将荷叶当”，是因为忘了带酒杯，临时起意，用荷叶替代一下喝酒的碗盏？王迈《七月望后二日西湖会饮酒酣分韵赋诗得荷字》诗中有“好论旧事卷新荷”的句子，难不成他们也忘了带酒杯？再看王珪的《荷叶》诗：

柄密藏溪路，香清荡客襟。
碧筒聊助饮，紫橐自供吟。
鱼戏凉波动，龟巢夕雾深。
横塘双桨急，菱唱有余音。

诗人没有到荷花深处，而是在岸边。荷叶荷花肆意疯长，密密麻麻的荷叶花茎遮挡了溪边的小路，宜人的清香被风推送，沾满来客的衣襟。放眼望去，水面上荡漾起微波，那是鱼儿在清凉的水中嬉戏。靠近水岸的地方，在夕阳的余晖中迷迷蒙蒙的，那是龟鳖栖息的巢吧？远处的水塘上有人飞快划着双桨，菱歌的余音远远留在他的身后。清净、凉爽、静谧处又有着勃勃生机，这样的景致当前，小酌一下是必需的。看着粉紫的荷花权当下酒菜，何以助兴？唯有碧筒！

林洪《山家清供》“碧筒酒”条说，暑热的天气里，和客人一道在荷花荡里划着小船游玩。大船上备饭，先把酒倒进荷叶里，扎紧，又把鱼鲊包在另一张荷叶里上锅蒸。等游玩的人回到大船上，鱼熟了，酒也香了，尽管风是热的，太阳热辣辣的，可是就着鱼鲊喝酒，满嘴都是清爽的荷香，真是上佳的享受。林洪还提到了苏轼的两句诗：“碧筒时作象鼻弯，白酒微带荷心苦”（《泛舟城南会者五人分韵赋诗得人皆若炎字四首》）。林洪还说苏轼在苏州任太守时，想必经常这样享受。有人考证，碧筒酒，就是采摘刚刚冒出水面，还卷拢着的新鲜荷叶，倒进酒，扎紧。喝的时候将叶心捅破使之与叶茎相通，然后从茎管中吮吸。袁说友的《观野塘荷花》说得很详细：

淤泥生荷花，物外各有性。
环城散红锦，飐滟满支径。
人卧莲叶舟，酒吸碧筒柄。
个中有真乐，乐尽意不尽。

用来盛酒的荷叶,被称为“碧筒杯”“荷杯”,也有称为“荷盏”的;因为茎管弯曲，样子很像大象鼻子，又有“象鼻杯”的叫法。从荷叶茎干吮吸，流进嘴里的酒带有荷叶微微的清苦，的确是消暑佳品。荷塘边，小舟中，这样的聚饮令人难以忘怀，“白衣谁荐红萸酒，吸尽残荷碧玉筒”（袁说友《和同年张季良少卿馈家酿韵三首》)。姚勉在收到朋友送来的莲藕时，想象朋友们在荷塘边就地取材的聚饮，非常羡慕，“羡君一叶穿花底，醉吸荷筒月露凉”(《谢田贤良送莲藕》)。

让我们艳羡不已的是，宋人们饮罢碧筒酒，再吃荷包饭，“老去把茅依地主，有瓦盆盛酒荷包饭”（刘克庄《贺新郎·再和前韵》)。“青荷包饭蒲为菹”，只觉得“人生如此乐有余，胡为自投槛中狙”（苏辙《寄孙朴》)。再普通的粗粝米饭，用荷叶包裹之后，饱蘸了荷叶的清香，也足以安慰清贫的诗人。尘世的鱼腥，经过荷叶的熏染，顿时就有了清雅的风味。陈傅良的《和张端士初夏》诗中有“满塘荷荫将还旧，试火包香又斩新”的句子，面对满塘的荷叶，开始憧憬令人垂涎欲滴的美食了。包香是什么？这是用荷叶包着食材烹饪。《山家清供》细致描述过更为奢侈的“莲房鱼包”的做法:刚摘下来的莲蓬，平着剖开，留着底托;把里面的瓤剜去，挖瓤的时候要注意留着孔。活鳜鱼现杀，鱼肉去刺，用酒、葱姜、调料拌匀腌渍片刻，填充塞满莲蓬的孔洞，用牙签将底托合上，放在锅里隔水蒸熟，就可以吃了。有人更考究，把蒸熟的莲蓬里外涂上蜂蜜装盘，吃的时候蘸“渔父三鲜”。所谓的“渔父三鲜”，是用莲、菊、菱调制的汤汁。林洪说，他吃过这道菜，还写过一首诗，诗云：

锦瓣金蓑织几重，问鱼何事得相容。
涌身既入莲房去，好度华池独化龙。（《莲房鱼包》）

据说主人见诗大喜，还送了林洪一堆礼物。林洪充分领略了这道美食的独到滋味，这首诗更是赋予了这道菜丰富的文化内涵。

杨万里有一首赏荷诗云：

人间暑气正如炊，上了湖船便不知。
湖上四时无不好，就中最说藕花时。（《大司成颜几圣率同舍招游裴园，泛舟绕孤山赏荷花，晚泊玉壶，得十绝句》）

置身于荷塘，就屏退了火一般的暑气。荷花美，荷花清雅，而称其为“藕花”，是因为在大暑天，赏荷吃藕，能“与君消酷暑”，能让人感到“胸中秋气入”（陶弼《咏藕》）。如果还能与冰雪同食，“流霞潋滟照炎天，雪藕调冰佐玳筵”（吴势卿《寿王通判五首》），“藕丝冰水敌时暑”（白玉蟾《夏五即事二首》其一），“吴藕镂冰寒”（范成大《次韵同年杨使君回自毗陵，同泛石湖，舟中见赠》),“藕白条翠冰堆盆”,“嚼之清冷醒醉魂”(刘学箕《宾从集藕花堂分韵得园字二十韵》),那真是盛夏季节最令人神往的现实享受。即便是没有冰,生脆的藕片也自带清凉,“红皱黄团熟暑风,甘瓜削玉藕玲珑”(范成大《次韵马少伊、郁舜举寄示同游石湖诗卷七首》),“自洗霜刀来切藕,传君嚼玉咽冰方”(白玉蟾《即事君子堂五首》)。刘克庄的《忆藕》诗描述道:“如拈玉麈凉双手,似泻金茎咽上池。”李流谦的《食藕》云:

君看入口处,一片疑嚼雪。
溽暑肌如熏,毒酲肺欲裂。
只应萧爽时,便是清凉国。

藕片入口爽脆,清凉宜人。在热得身体内外都觉得要炸裂的时候,冰爽入喉,顿觉轻松。刘克庄也说“啖我玉井藕,洒然渴肺痊”(《警斋侍郎再和放翁五言过奖衰朽且示雄文二编次韵一首》)。这样的美食,给溽暑之中的平民百姓带来了一丝清凉,一点安慰。

消暑的藕,一般都是生吃。《山家清供》还记载了藕的另外几种吃法。一种是将藕切成丁,“砂器内擦稍圆,用梅水同胭脂染色,调绿豆粉拌之,入清水煮供,宛如石榴子状”,做成甜品,名叫“石榴粉”。一种是将藕切成小块,刚成熟的莲子去皮,煮米饭锅刚开始沸腾时,将藕和莲子放进去同煮,这种饭叫“玉井饭”,“甚香美”。

秋

江上往来人，但爱鲈鱼美。

君看一叶舟，出没风波里。

鲈蟹正肥时，烟雨新凉日。

露蕊郁金黄，云液蒲萄碧。

餐菊为粮 露为酳

秋天的时令，有各种标志。在天，是秋高气爽；在地，则是菊花、桂花都盛开了。故而，秋天的时令佳肴，断断不能没有菊。高似孙有佳句："不是桂菊蟹，如何能好秋。"（《句》）戴表元的《次韵答寄阆风先生》也说："菊盘秋熟蟹，竹枕晚凉蝉。"柴望的《富阳道中》中还说："马首独行秋叶路，鲈鱼时共菊花杯。"就是到了晚秋初冬，"严冻杀百草，菊花弥更黄"（方回《拟古五首》其三），菊花依然是餐桌上的重要角色。

"江南九月后，无日非重阳"（方回《拟古五首》其三），秋天，是菊花的世界，古人特别重视的重阳节，更是菊花的盛会。《梦粱录》记载："日月梭飞，转盼重九。盖九为阳数，其日与月并应，故号曰'重'。""今世人以菊花、茱萸，浮于酒饮之，盖茱萸名'辟邪翁'，菊花为'延寿客'，故假此两物服之，以消重阳之厄。""酒家皆以菊花缚成洞户。都人多出郊外登高，如仓王庙、四里桥……独乐冈等处宴聚。"仇远的《九日客中》中描绘："菊糕萸蟹年年有，未信今年此地无"，人们"满头插菊把茱萸，强歌强舞醉相扶"，看菊花，闻菊香，饮菊酒，吃菊糕，还要在头上戴菊花；除了可以观赏，可以吃，菊花的功能还被无限放大到可以驱邪，可以祈福！

菊，一身都是宝。苏轼的《小圃五咏》云："越山春始寒，霜菊晚愈好。朝来出细粟，稍觉芳岁老……无人送酒壶，空腹嚼珠宝。"天气越冷，越显出菊花艳丽，可赏；嚼菊当酒，满颊生香。"荐羞杞菊间，采斸烟雨外"（洪迈《蔬饭》），菊是低调的珍馐。李石的《九日与一飞诸友饮菊》中有诗云："一杯香泛落英餐"，典出屈原《离骚》，"朝饮木兰之坠露兮，夕餐秋菊之落英"。"落英餐"就是菊花粥或者菊花饭，《山家清供》中有"紫英粥"条，林洪说，菊有两种，"茎青而大，气似蒿而苦"，这种菊吃起来味道苦涩。戴表元说："菊苦难餐鱼又寒，弹出歌声寄凄独"（《听琴行赠沈秀才》），吃的大概就是这种菊。另一种"茎紫气香而味甘"，这是紫英菊，用这种"味甘之菊"煮的粥，有缕缕清香。菊，一年有三季可以吃，从初春开始吃嫩芽，夏天吃嫩叶，秋天吃菊花。《山家清供》还介绍春天嫩芽的吃法：油锅烧热，将嫩芽略炒一下，下姜、盐作羹，可以清心明目，加点枸杞叶味道更好。戴表元"馔带菊花苗"（《宿永固寺》）说的就是吃菊叶。杨万里不仅吃菊叶，而且似乎还很有经验：

种菊君须莫惜他，摘教秃秃不留些。

此花贱相君知么，从此千千万万花。（《菊夏摘则秋茂，朝凉试手》）

摘菊叶通常都是掐新长出来的嫩头，俗称“打头”；打头多，长出来的新枝就越多；新枝越多，花就越多，越茂盛。郑思肖的《餐菊花歌》诗云：

道人四时花为粮，骨生灵气身吐香。
闻到菊花大欢喜，拍手歌笑频颠狂。
忆昔我为混沌王，洞见末劫寿不长。
尽召群仙列殿下，敕宣餐菊长生方。
我今化身游下土，一嚼清凉彻肺腑。
顿令心地豁然开，迸出明珠耀今古。

因为常常餐花，因而吐气也芬芳，尤其喜欢菊花，因为菊花是清雅高洁的象征，餐菊，更能使人品格高尚，而且，菊花的清香沁人肺腑，一去心胸郁闷之气，难怪有人会特别喜欢。据说张栻也是特别喜欢，每天无菊不欢。他的吃法就是《山家清供》里介绍的：用清泉细心烹煮，菊苗拌枸杞嫩叶，甘脆爽口，比任何一种味道都清雅，只要有这道菜，每天都能多吃半碗饭；别的菜，简直不能相比。蒲寿宬有“敢望白衣来送酒，拟将黄菊去为粮”（《近重阳作》）的诗句，那就不只是做菜，而是直接把菊当饭吃了。《山家清供》“金饭”条，介绍了煮菊花米饭的方法，即采摘紫色茎干的黄菊花，用加了盐的甘草汤焯一下，米饭快熟的时候把菊花投入锅中。经常吃“金饭”，能明目长寿。司马光有一首长诗《晚食菊羹》，描述他吃菊花羹前后的感受。他在诗中说，整天忙于应酬，实在是厌烦了大鱼大肉，更何况环境实在过于喧闹嘈杂，心里实在烦躁极了。回到家，脱去官服纱帽，拄着拐杖，趿拉着家常的麻鞋，到院子里散散心：

菊畦濯新雨，绿秀何其繁。
平时苦目疴，滋味性所便。
采撷授厨人，烹瀹调甘酸。
毋令姜桂多，失彼真味完。
贮之鄱阳瓯，荐以白木盘。
餔啜有余味，芬馥逾秋兰。
神明顿飒爽，毛发皆萧然。
乃知惬口腹，不必矜肥鲜。

刚刚沐浴了一场好雨的菊苗，蓬勃茂盛，绿油油的，不光是好看。菊苗招人喜爱，而且能明目，这是因为司马光平日里因为眼睛经常不舒服，厚腻的饮食的确不适合。所以他采摘了菊叶，要求不要放太多的调料，以免破坏了菊叶本来的味道。喝过菊羹，诗人感觉到唇齿之间留有清香，精神顿时飒爽，浑身上下都轻松舒坦。这才明白，吃完以后嘴里肚里都觉得舒服的，就是最好的,不一定非要吃那些肥腻的荤腥。他因此大发感慨,羡慕“有菊环清泉”的南阳山的“居人”，憧憬着什么时候自己也能摆脱现今的束缚，到南阳山下，亲自播种、浇灌菊苗，用盛开的菊花作为家常的饭食，“浩然养恬漠，庶足延颓年”。

刘克庄有《菊》云：

性迟故故待霜天，珠蕾金苞带露鲜。
曾有餐之充雅操，又云饮者享高年。
骚留楚客芳菲在，史视胡公粪土然。
莫道先生真鼻塞，幽芗常在枕囊边。

菊花性格高傲，因而总是等到寒冷的季节才开放，姿态高雅，如果带露采摘则格外鲜香。吃菊花的都是有高尚节操的人，常饮菊花酒能让人健康长寿。远的有屈原，近的有诗作者本人，就连睡觉，也枕着菊花香囊。从咏菊、赏菊到餐菊，从来都不是简单的果腹,而是有着含义隽永的文化内容。从屈原到陶渊明，再到宋代的诗人们，把菊花当成食物的，都自有寄托。苏轼的“落英不满掬，何以慰朝饥”（《和子由记园中草木十一首》其十一）,“独依古寺种秋菊,要伴骚人餐落英”(《次韵僧潜见赠》),“我顷在东坡，秋菊为夕餐”（《次韵毛滂法曹感雨诗》）；杨万里的“朝兰夕菊都餐却，更斫生柴烂煮诗”（《跋徐恭仲省干近诗三首》其一）；曹勋的“有美人兮天之涯，食兰菊兮服锦衣”（《思远人》），“纫秋兰以为裳兮，采杞菊以为餐”（《泽畔吟》），都是化用屈原的“夕餐秋菊之落英”句，表明自己心志，要像屈原一样不改初心，穷且益坚。

弃官归田的陶渊明，是菊花的形象代言人，于是，咏菊、餐菊都与陶渊明关联。戴昺的《甘穷》“细嚼黄花香满齿，清风千古一东篱”，杨万里的《水调歌头》“泛以东篱菊，寿以漆园椿”用了陶渊明的典故书写自身淡泊名利、悠游自在的随性态度；苏轼的“岂知江海上，落英亦可餐”（《和陶贫士七首》其一）、“夕英幸可掇，继此木兰朝”（《和陶己酉岁九月九日》），杨万里“九秋金粟供朝饭，三径黄花并夕粮”（《题谢昌国桂山堂》）则是糅杂了屈原、陶渊明二人的餐菊书写。

“自驻南山持酒卮，愁人惊糁陶家菊”（董嗣杲《秋夜冥客歌》），知音难觅、孤独寂寥之时，“餐菊为粮露为醑，染雾作巾云作屦。”（杨万里《十月四日，同子文，克信，子潜，子直，材翁、子立诸弟……》），圣洁的食物赋予的超凡脱俗境界，这才稍稍有了些许安慰。苏轼有诗句“独依古寺种秋菊，要伴骚人餐落英”（《次韵僧潜见赠》）、“且撼长条餐落英，忍饥未拟穷呼昊”（《再和潜师》），他和僧人道潜互相唱和，由餐菊而生发感慨，可谓志同道合，是缘分更是幸运。“有酒泛菊酾美酒，无酒嗅菊倚阑干”（方回《久过重阳菊英粲然即事十首》其一）是随遇而安；“细嚼菊花吞美酒，闲拈柿叶写新诗”（方回《九月二十五书事二首》其一）又是何等的悠闲。“漱石清溪歌九曲，饱饭黄精羹杞菊”（何梦桂《赠秋蓬王相士》）是享受生活；“菊噀晚香松傲雪”（释绍昙《节夫》）、“供饮岩畔泉，充庖槛前菊”（释智圆《松下自遣》）是自况；“此身多病经百罹，只合纫兰与餐菊”（周麟之《送台道人》）是自谦；而杨万里的《野菊》诗说得有趣，“未与骚人当糗粮，况随流俗作重阳”，强调的是孤芳自赏；王迈就更坚定了，“不必餔糟学独醒，不烦餐菊制颓龄”（《和致政林存斋稚圭》）。

读过这些诗，需要来一碗菊花粥，细细品尝，仔细回味。

年丰岂特菱莲芡

秋天，芡实、菱角、茨菇、荸荠、水芹、茭白、莲藕、莼菜，这江南“水八仙”齐齐整装登上人们的餐桌。如陈造《泊上虞驿来日行四首》其三中咏赞的：

溪山可图画，风物忆吾乡。
渔艇鸥鹭乱，茅茨菱芡香。

诗人盛赞江南水乡景色如画，还有水生植物的清香飘散四方。最为人赞许的，是荷。盛夏里，荷叶给人带来从里到外的身心清凉；荷花赏心悦目，驱除内心烦躁的虚火；荷花开过，结出的莲子又是一味珍馐。赵文的《得莲子》诗云：

休休得一闲，杯酒聊从容。
晚凉过池亭，受用水上风。

默存即实境，身在莲花中。
何况青青盘，磊落堆莲蓬。

荷花开罢结莲子，在荷塘品尝新鲜莲子，诗人真是快活潇洒极了！初秋的夜里，享受着爽爽的晚风，身前身后是荷花，桌上眼前是莲蓬，荷香包围，美味当前。苏轼的《莲》诗云：

城中担上卖莲房，未抵西湖泛野航。
旋折荷花剥莲子，露为风味月为香。

有人折了莲蓬，挑着担子到街上叫卖。不用到西湖，也不用划着船离开岸边很远，买来拆开，剥出莲子，就能品尝到朝露的风味和月华的清香。文同的《郡斋水阁闲书莲子》说的是莲子尚未熟时："绿实填房未满，黄茸绕壳方开。为问因谁劝酒，一时齐侧金杯。"非常形象。莲蓬的形状特别像蜂巢,杨万里的《莲子》诗云：

蜂儿来自宛溪中，两翅虽无已是虫。
不似荷花窠底蜜，方成玉蛹未成蜂。

把莲蓬的内部构造比作蜂巢、把嫩莲子比作蛹，倒是非常贴切。龙辅《莲子寄外》云：

莲房新摘袖中携，剖寄青青子数枚。

若识心头最清净，莫嫌根脚本污泥。

荷花、莲子，都是出淤泥而不染。根脚站在污泥里，花却是干净的，藏在莲蓬里的莲子，更是清爽洁净。

黄庭坚的《邹松滋寄苦竹泉橙麴莲子汤三首》其一写道：

新收千百秋莲菂，剥尽红衣捣玉霜。

不假参同成气味，跳珠碗里绿荷香。

现摘莲蓬现剥的莲子本来就洁净无瑕，不加任何别的东西，诗人品尝的莲子汤，是非常纯净的“荷香”，而现代人的莲子餐，多半是甜羹、甜汤、甜品。也有人用当季鲜嫩莲子入菜，莲子混合着玉米粒、松仁、枸杞、芡实，用旺火明油爆炒，出锅前撒几粒青翠的葱花，菜品色彩明艳，清香开胃。宋代诗人记载的，莲子多半是生吃。杨万里有《食莲子三首》，第一首着重写莲子的新鲜：

城中莲子买将归，未问尝新早与迟。

偶忆涌金门外晓，画船带露摘来时。

一看到莲蓬就买回家了，都没有想起来问一问，现在吃莲子，是早早尝新呢，还是已经晚了，可见诗人有多么喜欢莲子，想吃莲子的心情多么急切。原来,还是因为回想起那个美妙的清晨，画船上的可人儿，纤手摘下的莲蓬，还带着露珠。

第二首着重表现莲子的清香：

戢戢蜂儿出露房，未生翅股及锋芒。
丁宁莫遣他人剥，要染侬家十指香。

拆开莲蓬，密密匝匝的莲子，就像是一个个没有长出翅膀和蜂刺的蜂蛹蠢蠢欲动；诗人再三叮嘱不要别人来剥，他要自己享受剥莲子时手指上沾满清香！剥莲蓬，就像是做游戏，先是拆开莲蓬，剥出莲子；莲子有好几层皮，去掉硬皮还有软皮；带着莲心吃，鲜甜中带有一丝清苦，但是清火祛毒；剔除绿色的莲心，吃起来则更加鲜甜。

第三首写莲子的鲜甜：

蜂不禁人采蜜忙，荷花蕊里作蜂房。
不知玉蛹甜于蜜，又被诗人嚼作霜。

看到像蜂蛹那样的莲子，不由得想起殷勤采蜜的蜜蜂，是不是它们就在荷花的花蕊里安了家？蜜蜂啊，你不知道，玉一般洁白、像蜂蛹一样的莲子，比蜜还甜呢，而诗人吃莲子，就像咀嚼冰霜一样，鲜甜又爽口的莲子，让人欲罢不能，杨万里又有《食莲子》诗：

绿玉蜂房白玉峰，折来带露复含风。
玻璃盆面冰浆底，醉嚼新莲一百蓬。

这首诗写他吃莲子。守在荷塘边上大嚼，诗人啊，你是想要吃尽塘里新鲜的莲子吗？杨万里还另有《食莲子三首》，其一侧重表现莲子的鲜嫩多汁，诗云：

白玉蜂儿绿玉房，蜂房未绽已闻香。
蜂儿解醒诗人醉，一嚼清冰一咽霜。

写尽了鲜莲子的清嫩鲜甜，口感脆爽。在杨万里的眼里，莲子如同蜂蛹；而郑刚中描写的莲子则是“香老不随明玉堕，子肥争露宝珠圆”（《元信昨日惠八桂酒两尊今日惠莲数头实圆而大云盆池中白莲子也》）。陈造的《余姚饭》中莲子是一顿美餐，“盘实剥芡芰，羹鱼荐兰椒”，盘子里，是荤素时鲜，有莲子，还有芡实。刘辰翁的《望江南》词云：“醋酽橙黄分蟹壳，麝香荷叶剥鸡头。”这里的“鸡头”，就是芡实。“猬腹出波烹芡实，裊蹄和露擘莲房”（姜特立《夏日奉天台祠禄》），莲子和芡实，可以同时享受的，既可以做主菜，也能当配料，让人一饱口福。

王洋的《偶得上饶芡实颇佳分荐同邑以诗送》云：

明珠宝簿藏贝宫，嫦娥取置空明中。
神仙法施仗秘咒，一粒变化传无穷。
水府仙人通妙诀，擘破寒泉弄明月。
左庚右甲养素胎，珠胜醍醐色如雪。
炼丹水底含太阳，世人错比煎硫磺。
丹成不合恋凡壳，雄鸡冠碎鸿头伤。
紫苞裂处呈芳髓，火候温温暗香起。
青荷犹著旧衣裳，玉质可怜供软美。

诗人说，芡，本来是深藏在龙宫的宝珠，被嫦娥拿去放在月宫里，又被神通广大的水府仙人带回水底，在水底不知过了多少岁月，吸足了阳气，养得色白如雪，修炼成了仙丹，可是，它却眷恋凡壳，化身芡实，不惜让人取食时损毁了完美的形象。这种奇思妙想，给芡实蒙上了神秘的色彩。

“鸡头荐嫩红”的时候，正值“黄花细细风”（王之道《南歌子·戊午重九》），过了一个夏天，到了秋天“波凉鱼初浮，露下蝉罢警”（陈造《祈雨齐云楼》）之时，“芡实遍芳塘，明珠截锦囊。风流熏麝气，包裹借荷香”（姜特立《芡实》）。“剥芡珠走盘，钓鱼柳贯鲜”（黄庭坚《次韵曾子开舍人游籍田载荷花归》)，“盘珍供剥芡”（陈造《祈雨齐云楼》)。陆游有《戏咏乡里食物示邻曲》夸耀家乡美食：

山阴古称小蓬莱，青山万叠环楼台。
不惟人物富名胜，所至地产皆奇瑰。
茗芽落硙压北苑，药苗入馔逾天台。
明珠百舸载芡实，火齐千担装杨梅。
湘湖莼长涎正滑，秦望蕨生拳未开。
箭萌蜇藏待时雨，桑蕈菌蠢惊春雷。
棕花蒸煮蘸醯酱，姜茁披剥腌糟醅。
细研罂粟具汤液，湿裹山蓣供炮煨。
老馋自觉笔力短，得一忘十真堪咍。

诗人从春天的好茶说起，将好茶、药苗、芡实、杨梅、莼菜、山蕨、竹笋、桑蕈、棕花、罂粟、山药一一数到，无比自豪。这些家乡特产，可蒸、可煮、可烹、可泡、可渍、可烘烤，在一年不同的季节，提供美妙的享受。苏辙有《西湖二咏》其二《食鸡头》云：

芡叶初生绉如縠，南风吹开轮脱毂。
紫苞青刺攒猬毛，水面放花波底熟。
森然赤手初莫近，谁料明珠藏满腹。

剖开膏液尚模糊，大盎磨声风雨速。
清泉活火曾未久，满堂坐客分升掬。
纷然咀嚼惟恐迟，势若群雏方脱粟。
东都每忆会灵沼，南国陂塘种尤足。
东游尘土未应嫌，此物秋来日尝食。

诗人用铺陈的笔法，详细描绘芡的叶子肆意铺张，碧绿浓翠。嫩叶像是皱皱的绢纱，老叶像一个大圆盘，叶子与叶子密密挨着，像是一片片绸缎遮住了水面，在这“绸缎”之间，一束束紫色的花举出水面。芡的花开在叶面，果实则悄悄藏在叶下，就像一个个鸡头，“昔也兼名鸿雁头”（虞俦《偶食鸡头有怀万元亨沈德远林子长横塘三主人》)。而鸡头上，是密密的、刺猬一般的硬毛，护卫着满满一壳明珠。剖开“鸡头”，洗净黏液，急火煮熟，满堂的客人就纷纷咀嚼起来，简直就像一群鸡争先恐后抢食一样。风刮过水面，“风翻芡盘卷，万觜争低昂”（贺铸《食芡实作》)。文同《采芡》诗也说“芡盘团团开碧轮，城东壕中如叠鳞”，描绘了一幅生动的图画，剖开果实，人们看到的如同珍宝。芡实比米粒略微大一些，粉嫩、玉白，似珍珠般晶莹，“骈头鬅松露秋熟，绿刺红针割寒玉。提笼当筵破紫苞，老蚌一开珠一掬”（文同《采芡》)，描写的就是这种景象。

芡实又称鸡头米，新鲜的鸡头米口味清淡、浆水足，闻起来有类似嫩菱角的清香，杨万里说“三危瑞露冻成珠”（《食鸡头子二首》其一），直接生吃芡实，满口生津；苏辙的《食鸡头》赞道：

风开芡觜铁为须，斧斫沙磨旋付厨。
细嚼兼收上池水，徐咽还成沧海珠。

鸡头米可以直接生吃，也可以用刀拍裂，加少许调料略微拌一下，脆嫩爽口。欧阳修的《初食鸡头有感》诗云：

金盘磊落何所荐，滑台拨醅如玉醴。
自惭窃食万钱厨，满口飘浮嗟病齿。
却思年少在江湖，野艇高歌菱荇里。
香新味全手自摘，玉结沙磨软还美。

刚采下的鸡头米，圆珠上包着褐色硬壳，要用牙齿嗑出米仁，可是却发现自己齿牙渐老。欧阳修尝新鸡头米，想起年少时的自由自在，回想那时的无拘无束，随意划着小船在水草间穿行，放声高唱着自己喜欢的歌，不由得发出慨叹。

鸡头米做熟了，闻着清香，吃着口感糯而柔，“菰饭牛酥软不如”，“鼻观温芳炊桂歇，齿根熟软剥胎余”（杨万里《食鸡头子二首》其一）。这是全部感官都能享受的美餐，闻着香，看着美,吃起来舌头牙齿都很舒服。现在的人们喜欢用鸡头米与莲藕、百合、白果、虾仁、菱角等时鲜一起，或炒或煮；柔韧软糯的鸡头米与爽口的莲藕搭配，与酥软的百合搭配，与鲜美的虾仁搭配，都令人叫绝。

旧因莼菜求长假

在宋代，有江南“三大名菜”之说，如果说莼鲈菰是三剑客，莼菜名列第一。莼菜自古就被视为珍贵食品，又名水葵、丝莼、湖菜等，与睡莲其实是同族姊妹，嫩茎和嫩叶可作美餐。袁说友的《泊吴江食莼鲈菰菜二首》其一云：

青丝簇饤莼羹味，白雪堆盘缕脍鲈。
我向松江饫鲜美，菜肠今更食新菰。

一首诗写了三种美味，嫩滑的莼羹、鲜美的鲈鱼脍、醇香的菰米饭，是最具地方特色、时令特色的一顿美餐。杨蟠的《莼菜》称赞莼菜：

休说江东春水寒，到来且觅鉴湖船。
鹤生嫩顶浮新紫，龙脱香髯带旧涎。

玉割鲈鱼迎刃滑，香炊稻饭落匙圆。
归期不待秋风起，漉酒调羹任我年。

别说季节不对，别说春天的江水还带着寒意，既然来了，就要找船，就要去闻名遐迩的八百里鉴湖，就要去寻觅莼菜一饱口福。莼菜刚刚在水面上冒出嫩嫩的新叶，就像仙鹤头顶初生的淡淡紫红；清香的汤汁里，细细的莼丝像是脱落下来的龙须，柔滑可口。晶莹剔透的玉色鲈鱼片顺着雪亮的刀刃滑下，饭匙里香喷喷的大米饭亮晶晶的像是一颗颗珍珠。思念家乡了,就回来，何必要等到秋风刮起？回来了，做一顿美味的汤羹，小酌一杯。什么时候都是最合适的回乡季！梅尧臣也描绘道："班鲈斫脍红缕鲜，紫豉煮莼香味全"（《邵郎中姑苏园亭》），这才是精致的草根生活。有这样的美食，当然要和朋友同享：

数株杨柳种多年，今日方维胜客船。
扫石共看山色坐，枕书同听雨声眠。
溪羹旋煮莼丝滑，野饭新炊白玉圆。
不管归心忙似箭，强留吟过菊花天。（蔡槃《郑介道见访》）

朋友难得来一趟，难得能悠闲自在一回，和朋友一道坐在山石上看风景，雨夜里一起看看书聊聊天，用清澈的山泉煮莼菜羹，用山柴烧一锅鸡头米饭。朋友啊，再忙你也要缓一缓归乡的脚步！诗人把美好的东西拿出来招待朋友，与朋友共度美妙的食莼时光。

陆游大爱莼菜，咏赞的诗篇也特别多，“莼菜煮羹吴旧俗”（《石帆夏日二首》其二），是莼菜最普通的吃法，若是做莼羹时加上盐豉调和，那便是“湘湖莼菜豉偏宜”（《戏咏山阴风物》）、“豉下湖莼喜共烹”（《西窗》）、“莼羹下豉知难敌”（《食荠糁甚美盖蜀人所谓东坡羹也》）、“小釜莼羹初下豉”（《农家》），那就简直是人间至味了。曾丰作《义宁产莼菜中秋大熟副以六绝送杨伯子》，第一首写莼菜的生长：

秋行春令气犹凝，柳曳寒丝软蘸冰。
又似瑶池乐棚下，鬼工遗落水晶藤。

莼，春天时开始生长，就像是柳丝伸向带着寒意的水面把它拉了出来；出水的莼丝带着晶莹的水滴，像是水晶藤蔓从美丽的瑶池遗落到了人间。第二首写莼菜的功效和形状：

垂垂水线白封青，一箸能生两眼明。
分野自为牛女地，何如堕落玉绳精。

莼菜，味甘性寒，医家称可以清热解毒、利水消肿，古人认为，常吃莼菜可以明目。碧绿的莼叶浮在水面，长长的莼丝藏在水下，这样精妙的玉绳，难道是从隔开了牛郎织女的天河落下来的吗？第三首写莼菜的产地：

吴人缕玉作常烹，南粤相逢眼却生。
张翰思归食忘味，鉴湖震泽见于羹。

莼菜和莲藕，吴地的民众常常做来吃，吴地再往南，往广东一带，一般人都不认识莼菜这种食材。张翰思念故乡，想得茶饭不香，想的就是这样的莼羹！第四首写莼菜的烹饪要点：

斋芝自可侑仙斟，忌把鲜肥俗味侵。
羹莼鲙鳞清浊混，季鹰犹未是知音。

莼菜做成羹，自带清香鲜味。做莼羹时，绝对不能跟鱼肉荤腥混杂在一起，不能串味。诗人调侃道：那位想要辞官归里的张翰（字季鹰）先生，你说是思念家乡的莼羹鲈脍，可是你知道吗，你说的这种美味搭配，是把莼羹的清雅和鲈鱼的腥浊混到了一起。遗憾哪，张先生还不是莼的知音。第五首赞美莼菜的品性：

仙苗风味淡为宗，能诱长安客欲东。
浪说栈羊余隽永，施于高士了无功。

羊肉是富贵的象征，莼菜是清贫的符号。用功名利禄相引诱，对于俗人，也许无法抵挡，可是对于高人隐士，这一招不管用。倒是有着清雅气息的莼菜，这种三千里纯净水面养育的仙家菜苗，时时引诱着困顿在名利场上的游子，想要回到天堂一般的鱼米之乡。第六首写莼菜的独特美味：

蟹肥鲈腯未多夸，橘绿橙黄正自嘉。
左手把莼右持酒，何当共醉木樨花。

螃蟹黄长满了，鲈鱼肥美了，这没有什么好夸耀的；不过，橘绿橙黄，的确像苏东坡说过的那样，是一年中最好的时间。什么时候，我们才能够一手端着莼羹，一手举着酒杯，一起在桂花树下同醉？这才是真正美好的享受。章甫也有同样的感受，他的《太湖秋晚》云：

处处橙黄橘绿，家家莼菜鲈鱼。
昨夜秋风又起，扁舟谁赋归欤。

诗歌描述的，是同样的愉悦；抒发的，是同样的感慨。还有晁公溯的《巴江》云：

巴江暮秋末，霜降千林空。
山色不改碧，蓼花无数红。
木叶感湘浦，莼羹忆江东。

秋景绚烂，思乡情重，秋末天寒，山碧花红，看到落叶纷纷，生发无限感慨，深深怀念家乡的莼菜羹。“明玉剥楚笋，嫩紫庖吴莼。不觉盘箸阙，但喜志意新。”曹勋的这首《山居杂诗》表达的也是同样的意思。有时候，乡愁，就是渴念故乡的一道菜肴。强至的《张升甫惠新笋走笔代简谢之》诗云：

粉箨迎霜嫩更匀，中厨未有许尝新。
明朝便好供佳客，只恨杯羹欠紫莼。

新笋味道固然很好，可是美味的时鲜菜唤起的却是浓浓的思乡情。不能回到家乡，没有家乡的莼菜聊解思乡之渴，笋再好，也还是有遗憾。万般无奈，只有赋诗咏怀。陈捄也在《题穑庵》中说：“一杯莼羹入归梦，岁晚仅饱松江鲈。”

“莼美不须添酱骨，蟹肥无复羡鱼虾”（李新《重阳舟次高邮》）。不可能归隐，不能啸傲山林，一时的品尝，便是一时的安慰。“莼鲈之思”，是思乡怀家的符号，能够使人暂时得到满足，也就能暂时抛却对功利的追求。

释智圆《赋得送人自阙下还吴》云：“莼羹鲈脍美，张翰忽思归。”西晋的张翰，“因见秋风起，乃思吴中菰菜、莼羹、鲈鱼脍，曰：‘人生贵得适志，何能羁官数千里以要名爵乎？’遂命驾而归”(《晋书·张翰传》)。古有张翰想吃莼菜鲈鱼而辞官，今有想看世界而辞职，这一脉相承的，其实是对自由支配生活的向往。陈瓘在《吴江鲈乡亭》中叹道：

莼菜鲈鱼好时节，秋风斜日旧烟光。
一杯有味功名小，万事无心岁月长。
安得便抛尘网去，钓舟闲倚画栏傍。

一杯酒，一碗羹，若是真有好滋味，那就可能因此抛弃对功名利禄的追求，因为在这个世界上，再没有比品尝真味再大的事了。诗人向往潇洒脱俗，大有离世之想。蒲寿宬的《渔父词》描述了自在逍遥的境界：“莼菜滑，白鱼肥。浮家泛宅不曾归。”现打的鱼，刚从水里捞出来的莼菜，一份悠闲，十分美味，的确是应酬筵席上不可能尝到的。李新的《渔父曲》描述得更有画面感。渔父的生活背景是：“秋山远，秋木黄，斜汀曲屿苔花香。”他的日常生活状态是：“鲈肥酒熟莼丝美，独钓孤舟老烟水。故人停桨问生涯，湘水光摇碧千里。”渔父没有回答别人的询问，飘然而去。吴泳在《蹇应叔自宜兴寄近诗和马字韵其二》中描述了自己的“辍书学耕者”生活，说自己“海螯带卤烧，溪莼和豉下”，逍遥闲适。生活的滋味来自美食。

也有人不喜欢莼菜。徐似道的《莼菜二首》其一云：

千里莼丝未下盐，北游谁复话江南。
可怜一箸秋风味，错被旁人舌本参。

那么有名的莼菜，为什么有人会批评指责呢？据《齐民要术》的记载，莼菜，以四月生者最为肥美，名为“雉尾莼”；五六月生者，叫“丝莼”；若是在九十月生的，就不能吃了，因为上面有肉眼难以识别的寄生虫；十月至次年三月生者，叫“环莼”，只有根上一寸来长的肥脆，别的部位就都有苦涩味了。到底是不是这个原因呢？徐似道的《莼菜二首》其二道：

堆盘缕缕又秋风，客俎斋盐一洗空。
羹鲙疑居舵楼底，杯螯如堕酒船中。
莼羹本是诗人事，樽俎那容俗子同。
不日挽君来快问，请分一箸供涪翁。

原来，品尝莼菜是高人的雅事，俗人，则不能领略，也不配。

今献霜螯助拍浮

俗话说，“菊花黄，蟹脚痒”，这是因为每到深秋，螃蟹养精蓄锐一年，脂满膏黄，开始要回到江海汇合处产卵了，这时候的螃蟹，特别肥美。螃蟹的相貌很丑，朱贞白的《咏螃蟹》描绘了螃蟹的尊容：

> 蝉眼龟形脚似蛛，未尝正面向人趋。
> 如今钉在盘筵上，得似江湖乱走无。

岳珂的《螃蟹》也描述螃蟹的其貌不扬：

> 无肠公子郭索君，横行湖海剑戟群。
> 紫髯绿壳琥珀髓，以不负腹夸将军。

必须要表扬一下几千年前的那位勇士，因为他开了个头，人们才知道天下还有这样的美味，“君不见东来海蟹夸江阴，肌如白玉黄如金。又不见西来湖蟹到沔鄂，玉软金流不堪斫”（岳珂《九江霜蟹比他处黑膏凝溢名冠食谱久拟遗高紫微而家僮后期未至以诗道意》）。这是说从陕西到湖北这一带，江河湖海里面都有螃蟹，尤其以江浙一带为最。“村村作蟹椵，处处起鱼梁”（陆游《稽山行》），是说有水的地方就有蟹，而浙蟹味道最好，“越蟹丹螯美”（宋祁《抒怀呈同舍》），戴表元更是因为“三泖团脐蟹”而赞叹“客游吴楚地，最好是秋天”（《客游》）。于是乎，“吴中郭索声价高”（高鹏飞《次静海令盖晞之食蟹》），“郭索”，就是指螃蟹。据《邵氏闻见后录》记载，宋仁宗有一次见食单上有新蟹一品，一共是二十八只，就问多少钱一只，回答说一千钱一只。宋仁宗很不高兴，说：“我多少次告诫你们不要奢靡，这一下筷子就是二十八千，我不忍。”终于没吃螃蟹。能上得了御厨的食单，螃蟹的味道当然是不错的。张九成收到家乡的江蟹，“骨滓不敢掷，念带烟江雨”（《子集弟寄江蟹》），连吃剩的渣滓都不忍丢掉。高似孙的《子略》引韩子昌的诗句曰：“馋涎不避吴侬笑，香稻兼尝楚客浪。”在鲜美的螃蟹面前，文人雅士的矜持也完全顾不得了，就连宋孝宗也曾因贪吃西湖蟹生过病。螃蟹因为美味，于是也成为朋友之间馈赠的礼物，黄庭坚的《谢何十三送蟹》云：

形模虽入妇女笑，风味可解壮士颜。

寒蒲束缚十六辈，已觉酒兴生江山。

张耒则是在当令季节向朋友索要：

遥知涟水蟹，九月已经霜。
筐实黄金重，螯肥白玉香。
尘埃离故国，诗酒寄他乡。
若乏西来使，何缘致洛阳。（《寄文刚求蟹》）

“菊花与汝作生日，螃蟹唤吾入醉乡”（方回“句”），“紫蟹膏应满，丹枫叶未凋”，“黄柑鲈鲙金膏蟹，使我秋风未拂衣”（陶弼“句”），菊花盛开之际，也正好是螃蟹肥美之时，于是，持螯赏菊就成为秋天享乐的标配。“无钱持蟹对黄花，又孤负、重阳地”（方回《一落索·九日》），“滑醪清满菊花卮，只欠新螯左手持”（李纲《次韵答滑守梅龙图重阳惠酒二阕》其二），有酒有菊而无螃蟹助兴，这是莫大的遗憾。毛滂的《生查子·登高词》云：

鲈蟹正肥时，烟雨新凉日。
露蕊郁金黄，云液蒲萄碧。

螃蟹肥美的时候，也是秋凉舒适的时候，面对金黄的菊花，斟淡淡绿色的葡萄美酒，聚饮言欢，乃人间胜事。鲈鱼螃蟹正当时，恰好可以宴饮吟诗，最好是能够“左手紫螯蟹，右手绿螺杯”（方岳《水调歌头·九日醉中》），赵以夫在《尾犯·重九和刘随如》词中也说：“黄花长好在，一俯仰、节物惊换。紫蟹青橙，觅东篱幽伴。”当然，更不能缺的，是可以推心置腹的好友。陈傅良的《送王南强赴绍兴签幕四首》其一写他邀请朋友吃螃蟹：“君方乘日长，勉为停朝骖。我池有螃蟹，我园有黄柑。”陈造有《招郑良佐》云：“重阳佳辰可虚辱，橙香蟹肥家酿熟。”重阳佳节这样美好的日子怎能白白度过呢，有香橙肥蟹和美酒呢。菊花环绕，美食当前，还需一个优美的环境。陆游的《若耶溪上》云：

九月霜风吹客衣，溪头红叶傍人飞。
村场酒薄何妨醉，菰正堪烹蟹正肥。

晚秋的风，有些寒意了，红叶纷纷落下，撩动秋思。不过凉风、落叶、浊酒都不能让人悲凉，因为有鲜香的菰菜和肥美的螃蟹！气候适宜，食材充足，如果不是要求太过精致，螃蟹确实给人带来了很多快乐。黄庭坚的《戏咏江南土风》说：

十月江南未得霜，高林残水下寒塘。
饭香猎户分熊白，酒熟渔家擘蟹黄。
橘摘金苞随驿使，禾舂玉粒送官仓。

踏歌夜结田神社，游女多随陌上郎。

有香喷喷的米饭，有醇厚的美酒，还有酸甜多汁的橘子，更有脂膏丰满的螃蟹。秋天的气温正适宜，生活在江南真是有福。诗人描绘得生动细致，这是一个高人俗士都很开心的美食季。

徐似道的《游庐山得蟹》说："不到庐山辜负目，不食螃蟹辜负腹……持螯把酒与山对，世无此乐三百年。"那么，螃蟹到底有哪些吃法呢？

"寒蒲就缚失横行，已矣甘从五鼎烹"（吴锡畴《擘蟹》），吃螃蟹，最为简便的"烹"是煮。《山家清供》中的"持螯供"，说的是清蒸螃蟹。选个头比较大的螃蟹，蟹脐朝上，蒸到蟹肉刚刚凝结时就马上趁热吃，用清醋、葱花和芹菜作为调料，手拿着螃蟹，痛饮大嚼，非常痛快。林洪特别说明，吃螃蟹有禁忌，"有风虫，不可同柿食"，这种说法其实早就存在，但是张耒偏不信这个邪。他的《食蟹》云："世言蟹毒甚，过食风乃乘……我读本草书，美恶未有凭。"费衮的《梁溪漫志》记载，张耒特别喜欢吃螃蟹，晚年时中风，行动都已经不方便了，还是像以前一样，把螃蟹肉剔出来，装在一个大杯子里，大口大口吃。

所谓"持螯"，是用手拿着吃，这种吃法，陆游称为"斫雪双螯洗手供"（《醉中作》），也就是俗称的"洗手蟹"，方回说的"左手持螯可醉乡"（《九月十二日得蟹小酌》）亦当如此。螃蟹蒸熟了，拌上酒、盐、梅、姜、橙渍一会儿，洗洗手就吃；也有生吃螃蟹的。

比较讲究的，是“蟹酿橙”。《山家清供》介绍：选大个儿的、带着枝叶的新鲜橙子，切去顶上一片，用勺子把瓤挖掉，里面留着汁水，把剔出来的蟹肉蟹膏塞进去填满，把切下来的顶皮盖上，洒上酒、醋，隔水蒸熟，高温加热的橙皮渗出更多芳香油，使蟹肉吸足了橙香，蘸着醋和盐吃，又鲜又香；用小勺舀着吃，吃相又很优雅。最精通蟹道的高似孙有“橙催蟹又肥”（《句》）诗句，其他诗人说到螃蟹也总是要提到橙子，如洪咨夔的《试院口占二绝》“万里江湖秋思动，捣橙和蟹荐新醅”，再如高似孙的《句》“莼逢鲈始服，橙入蟹偏香”，等等，不胜枚举，说明螃蟹与橙结合之紧密。橙子，似乎一直是古人吃鱼虾蟹的经典配置，大概是剥去橙皮，分开肉瓣，去净瓣膜及核，放入研钵捣烂如泥；或者是将橙皮一同捣碾，逼出橙皮的油脂芳香，将螃蟹直接蘸这种糊糊吃或者是拌食。高似孙有诗句：“笋早趋禽腹，橙香适蟹斋。”（《句》）说的是将螃蟹去壳，清出内脏和鳃，与橙子一起捣碎腌制，这是历史非常悠久的一道美味蟹馔。

比较流行的螃蟹吃法还有糟蟹，就是用适量的糟、醋、酒、酱、盐腌渍，这不仅可以保鲜储存，还是一种美食。曾几的《糟蟹》描述：

风味端宜配曲生，无肠公子藉糟成。
可怜不作空虚腹，尚想能为郭索行。

张翰莼鲈休发兴，洞庭虾蟹可忘情。

君看醉死真奇事，不受人间五鼎烹。

这实际上就是现代人所说的“醉蟹”，味道特别鲜美。

还有一种“糖蟹”，在宋代广受欢迎。黄庭坚的《次韵师厚食蟹》曰:“海馔糖蟹肥,江醪白蚁醇。每恨腹未厌,夸说齿生津。”这种糖蟹，他怎么也吃不够，“吾评扬州贡，此物真绝伦”。苏舜钦也说“霜柑糖蟹新醅美，醉觉人生万事非”(《小酌》)。糖蟹也是传统佳肴,陶穀的《清异录·馔羞门》、沈括的《梦溪笔谈》都有记载，隋炀帝驾临江都，当地就进贡糟蟹、糖蟹。

螃蟹的吃法很多,《山家清供》还介绍了以蒿作为配料作蟹羹，“尤可饕”，高似孙《誓蟹羹》也说:“年年作誓蟹为羹”，如今苏南地区的名菜“蟹糊”，疑是此蟹羹。苏南地区还有用鸡蛋加葱姜醋做的假蟹羹,味道也很鲜美。令人馋涎欲滴的,还有“蟹包”。高似孙有《蟹包》云:

妙手能夸薄样梢，桂香分入蟹为包。

也知不枉持螯手，便是持螯亦草茅。

蟹包的滋味如何？只能从如今的蟹黄包展开想象了。

秋风且食鲈鱼美

秋风起，暑气消尽，秋景甚美，让雅人饱了眼福；秋天的时令菜甚美，雅俗之人都可以大饱口福。“鲈鱼出网红翻锦，江水浮山绿泼油。回首风樯惜轻别，一声鸿雁起沧洲”（王之道《寄别江茂德赴麻城丞二首》其一），“莼菜鲈鱼方有味，远来犹喜及秋风”（欧阳修《初出真州泛大江作》），“紫蟹鲈鱼正美，凉天气、恰傍中秋”（毛幵《满庭芳·行次四安，用前韵，寄章叔通、沈无隐》）。张抡的《朝中措》云：

> 沙明波净小汀洲。枫落洞庭秋。红蓼白苹深处，晚风吹转船头。鲈鱼钓得，银丝旋鲙，白酒新篘。一笑月寒烟暝，人间万事都休。

一到秋天，天明净，水清澈，广阔的洞庭湖面，小小的沙洲上，白沙格外亮，水波也是干干净净的。枫叶纷纷飘落，红蓼处处开花，小船缓缓飘向远处的湖心，晚风又拨转了船头。钓到了鲈鱼，立即用快刀削出极薄的鱼片，就着刚刚酿成的新酒。天上的月亮，清光带着微微的凉意，远远的薄雾，轻纱一般铺将开去。夹一片鲜美的银色鲈鱼，浅饮一口清醇的玉色佳酿，人世间所有的烦心事，都丢到脑后去了。舒岳祥的《九日观万堂小酌怀正仲及梅所炼师》也说："极目冥鸿颢气初，人生快意食鲈鱼。"

"玉割鲈鱼迎刃滑，香炊稻饭落匙圆"（杨蟠《莼菜》），这句诗时令特色明显。鲈鱼肥美之际，正值稻米成熟；饭香鱼鲜，快活似神仙。陈尧佐有诗《吴江》亦云："秋风斜日鲈鱼乡。""鲈鱼乡"，是指古代吴越之地。毛直方的《渔父辞》一词云：

> 呼儿买米得新粳，渔村且喜见秋成。
> 今朝尝新莫草草，好钓鲈鱼来煮羹。

新稻熟了，吃新米饭可不能匆匆忙忙草草了事，赶紧钓来鲈鱼煮成鲜羹，这就是过节了！饭稻羹鱼是吴地最基本的膳食格局，又以春天的鳜鱼、河豚，秋天的鲈鱼，最为知名。杨万里的《垂虹亭观打鱼斫鲙四首》其一云：

> 鲈鱼小底最为佳，一白双腮是当家。
> 旋看冰盘堆白雪，急风吹去片银花。

在最适合的时间，在公认的最佳产地，品尝切得极薄的鲈鱼片，是最及时的享受。“吴江下有鲈，鲈肥脍堪切”（梅尧臣《送裴如晦宰吴江》），“鲈出吴中，松江尤盛”，“鳞铺雪片银光细，腹点星文墨晕粗”（张镃《吴江鲊户献鲈》），说的都是松江鲈鱼，尤其是“除却松江到处无”（范成大《秋日田园杂兴十二绝》）的松江四鳃鲈鱼。杨万里有《松江鲈鱼》云：

鲈出鲈乡芦叶前，垂虹亭上不论钱。
买来玉尺如何短，铸出银梭直是圆。
白质黑章三四点，细鳞巨口一双鲜。
秋风想见真风味，只是春风已迥然。

松江四鳃鲈鱼，短短肥肥，圆滚滚的身体，是鲈鱼中品质最好的。据说只有秋季味道鲜美，一过秋冬，到了春天，味道就迥然不同了。范成大编撰的《吴郡志》描述松江的鲈鱼，“洁白松软，又不腥，在诸鱼之上。江与太湖相接，湖中亦有鲈。……秋初鱼出，吴中好事者竞买之，或有游松江就鲙之者”。他的《秋日田园杂兴》盛赞：

细捣枨齑买鲙鱼，西风吹上四鳃鲈。
雪松酥腻千丝缕，除却松江到处无。

陆游也有《郊居》诗赞美四鳃鲈："流涎对此四鳃鲈"，陈造的《次儿辈戏商卿设醴韵二首》也说："扶头更忆松江晓，旋买鲈鱼薤捣齑。"将鱼或肉细切做菜，称为"脍"或"鲙"；《吴郡志》另有记载："鲈鱼常以中秋后从海入江……以箭笋和为羹甚珍，鱼白如玉、菜黄如金。隋人呼为金羹玉脍。"鱼丝与金橙细缕拌和，号称东南佳味。王十朋的《东坡诗集注》曰："鲈鱼所以为鲙，金橙所以为齑，（松）江之鲈，江南所称也。此之谓金齑玉鲙。"苏轼的《和文与可洋川园池三十首·金橙径》云：

金橙纵复里人知，不见鲈鱼价自低。
须是松江烟雨里，小船烧薤捣香齑。

雪白的鲈鱼肉，点缀上香柔花和香柔花紫红色的花穗，撒上金黄的橙丝，绿叶金缕白鱼，清爽漂亮。回回豆、花椒香料、杏仁碾成粉末拌匀，去腥留香，味道极其鲜美，是难得的珍馐。"堆盘雪缕开花面"，"金橙研破助芳辛"（胡寅《周尉以诗致霅鲙次韵为谢》），因此，隋朝大业年中，松江鲈鱼作为贡品进奉朝廷。

"水精盘，鲈鱼脍，点新橙"（朱敦儒《水调歌头·和董弥大中秋》），描述了宋人精致的生活。莼菜，也是吴地特有，莼羹与鲈鱼，各有各的味道，两相搭配着吃，更加可口。陆游的《稽山行》诗云：

湘湖莼菜出，卖者环三乡。
何以共烹煮，鲈鱼三尺长。
芳鲜初上市，羊酪何足当。

秋高气爽的时节，品鲈鱼，尝莼羹，是人生一大乐事，也是雅士的享受。品尝莼菜鲈鱼脍，欣赏音乐，更是高雅，“桂殿凤笙，妙音何处，莼羹鲈脍”（赵以夫《风流子·中秋群贤集于蜗舍，值雨作，和刘随如》）。

莼菜鲈鱼脍菜品的流传与张翰辞官的故事有关。《晋书·文苑列传》云：“翰因见秋风起，乃思吴中菰菜、莼羹、鲈鱼脍，曰：‘人生贵得适志，何能羁宦数千里以要名爵乎！’遂命驾而归。”这个传说影响深远。戴复古的《吉州李伯高会判送盐蠘子鱼比海味之珍者未免为鲈鱼动归兴》云：“合为莼鲈动归兴，久抛东浦钓鱼船”，吃到了美味的海鲜，却动了为品尝鲈鱼而归家乡的念头，“江头风顺鲈鱼到”（仇远《萧饶州见寄次韵》）也表达了相似的意思。洪适的《渔家傲引》描绘得更加细致：

八月紫莼浮绿水。细鳞巨口鲈鱼美。画舫问渔篙暂舣，欣然喜，金齑顷刻尝珍味。

涌雾驱云天似洗。静看星斗迎蟾桂。枕棹眠蓑清不睡，无名利，谁人分得逍遥意。

莼菜紫，鲈鱼肥，正是美食季。就着捣碎的橙子，享受着现采的莼菜，品尝着刚刚离水的鲜鱼。平静的水面上，画舫随意漂荡，安静地看着如同洗过一般明净的天幕上，群星簇拥着一轮明月。头枕着橹声，身下铺着蓑衣，想睡就睡，不想睡就细细体味美好的清夜。不用追逐功利，也无须顾及名誉，这样的逍遥自在，谁人与我分享？

仅仅因为思念家乡的美味，就毅然决然弃官归里，张翰这个决定的真正动因历代有人存疑，晁端礼的《满庭芳》云：

> 尘网外，鲈鱼旋鲙，芳酒深倾。又算来、何须身后浮名。
>
> 无限沧浪好景，蓑笠下、且遣余生。

贺铸的《罗敷歌》五首（其三）亦云：

> 季鹰久负鲈鱼兴，不住今秋。已办归舟。伴我江湖作胜游。

周紫芝的《西江月》云：

> 发白犹欹旅枕，溪深未挂烟莎。往来苕霅意如何。应有轻鸥笑我。

细算年来活计，只消一个渔舟。金鱼无分不须求。只乞鲈鱼换酒。

诗人们赞赏的是张翰听从自己内心的召唤，抛却尘世束缚，追求身心自由。“鲈香易动张翰兴，鲸背难追李白游”（仇远《中秋月出复雨有怀叶子文汤明叔》），诗人们推崇的，是他的勇气；热烈追捧的，是闲云野鹤般的潇洒气度。陈植的《吴江太湖笠泽虹桥诗》慨叹：

脍忆鲈鱼秋正肥，当年惟见季鹰归。
沧波此处堪垂钓，当代无人肯拂衣。

当真决绝地离开尘世，并非易事，好在佳肴能够让人忘却烦恼，“不用知余事，莼鲙正芳鲜”（张孝祥《水调歌头·垂虹亭》）。白玉蟾的《泛舟松江》一诗云：

白酒黄封冽以妍，鲈鱼买得一双鲜。
舟行无浪无风夜，人在非晴非雨天。
醉熟不知天远近，梦回但见月婵娟。
垂虹亭下星如织，云满长洲草满川。

鲜鲈鱼，清冽酒，风平浪静的秋夜泛舟，宠辱不惊的旷达胸襟。

醉酒之后，一睁眼，已经分不清水色天光。从梦中醒来，只有月亮温柔的关怀。诗风深得苏轼真谛，似乎想要遗世飞升，却因鲈鱼的鲜香留在了人间。范仲淹的《江上渔者》云：

江上往来人，但爱鲈鱼美。
君看一叶舟，出没风波里。

他关注以捕鲈鱼为生的渔民安危，这是体恤民情的视角，非常难得，非常可贵。

要是过了秋天品尝鲈鱼，那又如何？杨万里的《鲈鱼》云：

两年三度过垂虹，每过垂虹每雪中。
要与鲈鱼偿旧债，不应张翰独秋风。
买来一尾那嫌少，尚有杯羹慰老穷。
只是莼丝无觅处，仰天大笑笑天公。

说得真是有趣。

惠泉香可煮秋菰

菰，究竟是什么样的？周弼的《菰菜》云：

> 江边野滩多老菰，抽心作穗秋满湖。
> 拂开细谷芒敷舒，中有一米连三稃。
> 剖之粒粒皆尖小，整齐远过占城稻。
> 不烦舂簸即晨炊，更胜青精颜色好。
> 寻常艰得此欣逢，默计五升当百丛。
> 雨多水长倍加益，十里定收三十钟。
> 野人获之亦自足，何用虚靡太仓粟。
> 连日秋风思故乡，况复家田有茅屋。
> 坠网重鳃鲈已鲜，莼丝牵叶又流涎。
> 急归收获蘋溪畔，细拨芦花撑钓船。

从这首诗的描述来看，菰的果实，相当于稻麦，舂过簸过，脱去壳，扬去皮糠，可以当粮食，做饭煮粥都行。诗人写的“老菰”，不是人工种植的，而是大片大片长满了湖滩。菰米产量低，要辛苦收集，欣逢雨水丰沛，菰米比往年多，诗人非常满足。更让他开心的是，四鳃鲈鱼也长肥了，莼菜也正当时，赶紧拨开芦花，撑开钓船，然后就着鲈鱼莼羹，饱餐香喷喷的菰米饭吧！

遗憾的是，这么有格调的菰米，现代人无福享受。据说，菰草在生长过程中如果感染了菰黑粉菌病，菰草花茎会受到一种异生长素刺激，就不能开花结果，养分集中到根部，形成肥大的纺锤形肉质茎，这就是茭白。我们掰开老茭白，可以看到许多黑斑，这就是黑粉菌寄生后遗留下的痕迹。如果没有感染黑粉菌，菰草正常生长，开花结子，就能结出菰米，但菰米产量太低，农民不喜欢，一旦发现就拔掉，确保长出肥硕的茭白。就这样，菰草就在人为的干预下，进化成了一种水生蔬菜。

作为“茭白”的菰，与莼菜、鲈鱼并称为江南三大名菜，又与莲藕、茨菇、水芹、荸荠、菱角、芡实、莼菜等一道被誉为“水中八仙”。许景迁在《咏茭》中说：

翠叶森森剑有棱，柔条松甚比轻冰。
江湖若借秋风便，好与莼鲈伴季鹰。

蔬食之美，第一要清清爽爽，第二要干干净净。作为蔬菜的菰，两种品格兼备。菰的叶子，碧绿挺拔，根茎雪白粉嫩，若是跟莼菜鲈鱼一起上桌，这顿饭绝对高端大气上档次了！陆游的《幽居》云：

老子堪咍老转痴，幽居喜及早寒时。
芋魁加糁香出屋，菰首芼羹甘若饴。
颠倒朱黄思误字，纵横黑白戏拈棋。
此怀敢向今人说，骨朽诸贤却见知。

菰首就是“菰手”，也就是茭白。《尔雅》注云：“（茭白）生菰草中，状如土菌，江东人咬之甜滑。”苏颂曾经解释过，菰的根茎，像是笋，生熟都可以吃，味道甜美。菰的茎能粗得像小儿手臂，于是名为“菰手”，也就是陆游诗中的“菰首”。脆嫩的茭白，就像笋一样，荤素烧汤皆宜，有很多种吃法。“我向松江饫鲜美，菜肠今更食新菰”（袁说友《泊吴江食莼鲈菰菜二首》），“菰莼大嚼蜻蛙乡，不教黎苋徒集肠”（葛立方《卫卿叔自青旸寄诗一卷以饮酒果核殽味烹茶斋戒清修伤时等为题皆纪》），不仅满足口腹之欲，还是视觉享受，“白菰紫芰更红蕖，不枉平生水竹居”（方岳《次韵郑佥判》）。姚述尧的《念奴娇·冬日赏菊次前韵》云：

鲸饮方豪，龙饮未已，更著雕胡设。清欢无限，醉归犹记前说。

这里说的“雕胡”，就是菰米。菰的果实是菰米，《周礼》中将“菰米”与黍、麦、稻、稷、菽合称为“六谷”。《西京杂记》说：“菰之有米者，长安人谓之雕胡。”菰的花是淡黄色的小花，到秋天，菰的果实成熟，去掉外壳，洗后晒干，就成了菰米，用它煮饭，软糯香甜。

古时候的菰，还没有人工培植，都是野生的。菰米的产量极低，成熟期又不一致，要收获菰米很不容易，所以，能吃到菰米的，要么是生活在水边的居民，粮米不足，采集菰米聊以果腹；要么是达官贵人，他们能吃到限量供应的菰米。洪咨夔的《山中菰生米父老谓丰年之祥用子有韵》云：

> 秋风菰黍黑，山崦罕闻之。
> 产瑞摇银海，占丰滟玉池。
> 芃芃粳合穗，袅袅穄分枝。
> 却忆官张望，尝新荐一匙。

山里的乡亲们见到菰结了籽，非常开心，认为这是丰收之年的吉祥预兆。杨万里的《过临平莲荡四首》云：“人家星散水中央，十里芹羹菰饭香。”陆游的《赠石帆老人》描述自己在旅途奔波，偶尔在人家落脚，看到“溪叟旋分菰米滑”的情景。《山家清供》中说，雕菰叶类似芦苇，结出的米是黑色的，这就能理解杜甫“波漂菰米沉云黑”（《秋兴八首》）诗句的意思了。把雕胡晾干脱壳，做的饭吃起来又香又滑爽，所以说“菰米新炊滑上匙”（《灯下读玄真子渔歌因怀山阴故隐追拟》）。会稽人顾翱对老母亲非常孝顺，知道母亲喜欢吃雕菰饭，顾翱就常常亲自带着子女去采撷菰草，回家后疏通水道挖了小河养着，所以老太太能常常吃到菰米。他家住在太湖岸边，后来湖里面长的都是菰草，没有杂草，人们传说这是孝心感动上天的结果。

菰草长在水边，往往远离尘嚣。陆游的《筑舍》云：

筑舍水云乡，萧然似净坊。
粥铛菰米滑，羹釜药苗香。
素壁图嵩华，明窗读老庄。
与人元淡淡，不是故相忘。

很有点“结庐在人境，而无车马喧”的清净超尘，却能有着足以让常人艳羡的美食相伴。清淡却珍贵的饭食，与诗人所处的环境，与他喜欢读的书，实在太相称了，这才是真正的君子生活。诗僧释文珦有《野老》，描绘了寂寥清净的生活环境，他的饮食是：“溪甑炊菰米，山卮咀菊英。”菰米饭，菊花菜，身心清爽，孤芳自赏，野趣盎然，一身轻松。

秋风起，菰米香，撩拨起骚人墨客的缕缕乡愁。“芦花雪老菰米秋，芙蓉露下天悠悠。阿奴呼起字不断，写出万斛江南愁”（艾性夫《题危见心所藏陈常庵水月障及松鹤芦雁各一首》）；

“客愁白发三千丈，世路青泥百八盘。夜月梅花频入梦，秋风菰米强加餐”（何梦桂《寄王南叟寓江乡》）；“忽思鲈脍寒菰羹，拂衣欲遂乡关情”（楼钥《寿安抚伯父》）。在漂泊的旅途中，享受着“店家菰饭香初熟，市担莼丝滑欲流”，顿时觉得奔波在名利场上是多么可笑，“自笑劳生成底事，黄尘陌上雪蒙头”（陆游《雨中泊舟萧山县驿》）。程公许的《为玉汝赋莼湖借田家乐府韵》则说：

莼湖何物堪怡悦，与鉴湖境无差别。
诗人胸贮冰雪清，湖边吟作寒螀鸣。
紫莼可羹菰可饭，把茅自足了一生。

离群索居，孤高自赏。有饭有菜，菜是莼菜，饭是菰米饭，从另一个侧面强调自己的清纯高洁。舒岳祥的《孤雁》一诗描述“秋水江南无所畏，老菰沉米芦摇穗”，这是鸿雁南飞的栖身之地，惋惜孤雁“不知何事背群飞，欲宿无依去无疑”，并且寄予深深的同情：“天长路杳翅流血，夜向霜凄声转微。自倚能飞无与敌，岂知天势有违机。”菰米是失路者生存的希望所在，若是连这点依靠都没有，那，该是何等地悲凉。

冬

趁溪茅舍竹篱阴，石径如蛇屈曲深。

吏卒不行烟冷处，弟兄聊说岁寒心。

床头无酒可归算，窗外有鸡留伴吟。

过午忽修莱菔供，悠长滋味在山林。

萝卜羹和野味长

冬天来了，无论南方还是北方，都进入了寒冷的季节。天寒地冻的，就是生活精致的宋朝，能吃上“大棚”供应的蔬菜的人，也不是普通百姓。普通百姓吃的蔬菜，品种比较少，这时候，萝卜，就是餐桌上的主角啦！萝卜是只属于寒冷季节的，杨万里的《进贤初食白菜，因名之以水精菜云二首》其一云：

> 江西菜甲带霜栽，逗到炎天总不佳。
> 浪说水菘水芦菔，硬根瘦叶似生柴。

菘是菜，芦菔是萝卜。在风干日燥的秋冬季，萝卜白菜是水灵灵的；到了天热的时候，萝卜白菜又干又硬，像烧火的柴草一样，白白担了水萝卜、水菘的虚名。刘子翚的《园蔬十咏·萝卜》云：

> 密壤深根蒂，风霜已饱经。

如何纯白质，近蒂染微青。

这是人们爱吃的白萝卜，秋天播下，到严冬来临时，一个个长得粗粗大大，雪白的茎干有一部分露出地面，靠近萝卜缨的地方，微微带点绿色。从深秋初冬开始，很多人家的餐桌就是萝卜白菜当家了。杨万里风趣地说“雪白芦菔非芦菔，吃来自是辣底玉”（《春菜》）。这雪白的萝卜，切成片，晶莹剔透；咬一口，冰凉爽脆，微微的还有点辣，这不是萝卜，是带了点辣味的玉呀！这是把萝卜当水果吃了。杨万里还有《至后入城道中杂兴十首》云：

畦蔬甘似卧沙羊，正为新经几夜霜。
芦菔过拳菘过膝，北风一路菜羹香。

能够经受霜打的萝卜白菜，吃起来有一种让人特别舒坦的微微的清甜，天气虽然冷，地里有菜，瓮里有粮，纵然是刮过来的北风，因为带来了菜羹的香味儿，似乎也不那么凛冽了。陈淳有《西征范田遇雪三绝》云：“饱啖炊粱莱菔羹，皂台催促赶前程。”萝卜和粮食一道熬成粥，这冬日里的寻常饭食，提供足够的能量。漂泊的旅途中，就是这样简简单单有真味的饭食，也给人带来温暖，“晓对山翁坐破窗，地炉拨火两相忘。茅柴酒与人情好，萝卜羹和野味长”（陈著《周翁留饮酒》）。守着地炉，不时添柴拨火，那红红的火焰聊以抵挡透过破窗的寒风。酒味也许不那么醇，饭菜也绝不丰盛，可是，人情醇厚，萝卜羹汤的滋味回味悠长！杨万里的《待家酿未至，且买姜店村酒》云：

奔走人都倦，担檠酒未来。
那能待竹叶，随喜唤茅柴。
芦菔仍多煮，庵摩带浅煨。
深村市无肉，草草两三杯。

没有好酒，也没有精致的下酒菜，就着火里煨熟的芋头，随便喝上几杯。也许，真正解乏的、能让人放松下来的，还是那煮得烂烂的萝卜和热腾腾的萝卜汤吧！就像林泳的《蔬餐》所说，“着毛萝卜久煨香”，“上顿时凭般若汤”，豪饮几碗萝卜汤，上下通气,浑身舒坦！诗僧释慧空《与郛郎作骨董羹四首》其一云：

寒士百菹食藉佳，敢比八珍五侯家。
分甘长贫体生粟，谁能一饱面发霞。
自羹青菘烧芦菔，更杂石耳相天花。
愿留佳士宿清昼，细引炉香深炷茶。

青菜、萝卜、石耳和名贵的天花蕈，都是山里最新鲜的食材，这分明就是一餐纯素火锅，是达官贵人、富豪人家的盛宴也比不了的。据传，唐代武则天叫厨师把洛阳的萝卜做成菜，厨师想了很多办法，调了很多配料，用非常繁复的手段来煨萝卜，才让武则天龙颜大悦，并赐名“假燕窝”。这道萝卜菜，其实很有点像《红楼梦》里贾府的那道“茄鲞”，配料早已经喧宾夺主，只不过是借那点儿萝卜香罢了，确实是比不上诗僧的骨董羹清鲜。

萝卜，肉质细嫩清甜，可以炖汤、做羹。“莱菔可斋粳可炊”（刘克庄《又二首》），也可以腌过之后，切得细细的用来佐餐。若是和肉一起炖，又别是一番美味。姜特立的《肉馔莱菔》云：

玉食旧游宁作我，藜羹故态未忘吾。
烂爊莱菔甜如蜜，细点猪膘滑似酥。

萝卜炖得烂烂的，略略放一点猪油，萝卜汤就会顺滑油香，鲜味丰满了许多，这是贫困生活中的一点慰藉。

提起文天祥，人们就会想起一个铁骨铮铮的硬汉子形象。他有一首《白髭行》，坦坦荡荡接受自己变老、头发胡子一下子变白的事实，表示理解自然规律，鄙视有人染黑胡子假装年轻的做法。他还说：“谁服芦菔汤，避老亦奚为。”这句诗也从另一个侧面透露出这样一个信息：有人把萝卜当成长生药。

吃萝卜能延年益寿，这说法也许有点夸张，但是，萝卜的确是有药用价值的。诗僧释智遇的《白云端和尚赞》云：“时时膈气筑，只要煨芦菔。”煮熟的萝卜，能促进消化，止咳化痰、顺气利尿，诗僧所言不虚。

出于某种偏见，古人曾经以为，小麦来自西方寒冷的地方，性热，吃了不好消化，容易导致各种疾病。方勺的《泊宅编》中有记载，传说达摩云游印度，看到有人吃面食，大吃一惊，说：“怎么能吃这种杀人的东西？”后来见到萝卜，才恍然大悟，说：“幸亏有这个。”因此，古人认为萝卜可以用来解面毒。林洪的《山家清供》中有“萝菔面”一篇，说有一位王承宣医师，经常用萝卜捣成的汁和面，认为这样才能去除面粉的毒素。其实，不是面有毒，而是多吃面食，容易内热，萝卜性寒凉，面食与萝卜同吃，可以中和凉热。

陈著有《十月二十四日过弟观寓所出莱菔相款》云：

趁溪茅舍竹篱阴，石径如蛇屈曲深。
吏卒不行烟冷处，弟兄聊说岁寒心。
床头无酒可归算，窗外有鸡留伴吟。
过午忽修莱菔供，悠长滋味在山林。

清清淡淡的“莱菔茶”，与幽静的环境很是相配。没有酒不要紧，兄弟叙亲情，萝卜汤来助兴，家常的味道，淳朴的情义，的确是值得永久回味的。

吃萝卜是享受，种萝卜又如何？胡寅的《治园二首》说：“莱菔瑶英体，芜菁翠羽丛。”种着萝卜的菜园子，连刮过来的风也带着仙气，特别清爽。自己种的萝卜格外好吃，美好的记忆，会长长久久留在心间。苏轼的《狄韶州煮蔓菁芦菔羹》云：

我昔在田间，寒庖有珍烹。
常支折脚鼎，自煮花蔓菁。
中年失此味，想像如隔生。
谁知南岳老，解作东坡羹。
中有芦菔根，尚含晓露清。
勿语贵公子，从渠醉膻腥。

苏轼曾经有过一段自给自足的农耕生活，那是他生命中最为困顿的岁月，可是，离开了这样的生活，许久没有吃自己种的菜做成的羹，他却总是念念不忘；偶尔有一天，吃到了自己命名的菜羹，吃到了特别新鲜的萝卜，惊喜之余特别满足。陆游也有类似的体验。他在《甜羹之法以菘菜山药芋莱菔杂为之不施醯酱山庖珍烹也戏作一绝》中咏赞道：

老住湖边一把茆，时沽村酒具山殽。
年来传得甜羹法，更为吴酸作解嘲。

诗人把青菜、山芋、萝卜放在一起煮羹，没有放调味的肉酱，味道却非常鲜美。陆游的乱炖和苏轼的“东坡羹”有着异曲同工之妙，这种生活本真的味道，可以养德。苏轼的《撷菜》曰：

秋来霜露满东园，芦菔生儿芥有孙。
我与何曾同一饱，不知何苦食鸡豚。

诗人在引言中说，我借了王参军的地种菜，虽然这块地不到半亩，可是我跟儿子一年到头能吃饱肚子了。夜里喝醉了酒，没有解酒药，就到菜地里现摘回来现煮。菜羹还带着新鲜的泥土和风露气息，就是精米鱼肉也比不上这样的美味。人生在世，到底是为了什么，还要有特别的贪恋呢？于是写了这四句诗。据《晋书》记载，何曾对生活特别讲究，处处要求豪华奢侈，他的饮食标准远远超过了国君，厨房里每天置办价值万金的菜肴，就这样，何曾还说没有菜值得下筷子。苏轼认为，即便是在很冷的季节里，菜地里的萝卜和芥菜长得蓬勃茂盛，也能解决温饱。每天都有带着泥土芳香、味道鲜美的菜，同样都能吃饱肚子，何曾为什么要这样贪求呢？心情愉悦加上吃得舒适如意，自我满足，就是最好的长生药。杨万里有一首诗《梦种菜》云：

背秋新理小园荒，过雨畦丁破块忙。
菜子已抽蝴蝶翅，菊花犹著郁金裳。
从教芦菔专车大，早觉蔓菁扑鼻香。

宿酒未销羹糁熟，析酲不用柘为浆。

梦见自己种的萝卜又多又大，能够装满车子，这是有多喜欢吃萝卜啊！

薯蓣堪羹 杞可斋

宋代诗词中所写的“薯蓣”“山药”“芋”，定义很混乱，诗人们对“芋”，也是各有各的理解，因此各人所写的“芋”，其实是不同种类的东西。岁月久长，薯蓣的大名、小名、本名、别名都有人在叫，因此出现在诗词作品中的“芋”，有时很难确指。“菘羔抱孙，蹲鸱将雏”（邵桂子《疏屋诗为曹云西作》）中说的“蹲鸱”，指的就是现代意义的“芋头”。芋头呈棕褐色，上面有毛，《本草纲目》“集解”中说到有一种“蓣”，“一枚可重数斤”，这种芋头就更像蹲伏的猫头鹰了。南北朝时期的陶弘景在《本草经集注》中说，“芋魁之状，若鸱之蹲坐”。说到蹲鸱，还有个笑话。唐代的张九龄，有一次给萧炅送芋头，附信上说是送“蹲鸱”。萧炅的回信说：“您送来的芋头很好，非常感谢，只是蹲鸱没有到，不过，我们家有不少忌讳，也不愿意看到这种恶鸟。”张九龄把萧炅的信拿给来访的宾客看，大家哄堂大笑。明代的冯梦龙在《墨憨斋三笑》中也说到，冯光震任参军时，进入集贤院校注《文选》,将“蹲鸱”解释成“着毛萝卜”,遭到了嘲笑。刘子翚的《园蔬十咏·芋》诗云：

> 分得蹲鸱种，连根占地腴。
>
> 晓炊黏玉糁，深碗啖模糊。

自己栽种的芋头,成了冬日里暖身暖胃的好饭食。早晨起来做饭，芋头和着米糁，煮得黏腻滑润，端一只大碗，喝着热气腾腾的芋头糊糊。陆游也有过类似的体验，“西游携得蹲鸱种，且共山家玉糁羹”(《病中杂咏十首》)，在“风雪横街不能出”的寒天，“蹲鸱足火微点盐，罂粟熬汤旋添蜜”(陆游《病告中遇风雪作长歌排闷》)，有干有湿、有咸有甜的饭食，朴素而实在，这是多么温情的生活图景。“客来自掘蹲鸱煮，旋拾枯松三数枝”(叶绍翁《访龙井山中村叟》)，这也是村居生活的风俗画。

司马光有《送薯蓣苗与兴宗》一诗，详细叙述了自己种薯蓣的经历和感慨。他说，把山药种在庭院里，没想到，到春天的时候，密密麻麻长出了许多小苗，庭院里本来就长满了花草树木，这样一来就更拥挤了，除掉了一些，还是有茁壮的芽苗冒出来。好在有志同道合者，也愿意栽种这样并不名贵的秧苗。土地宽敞了，山药就能长得好。这还真是好东西呢，与茯苓、白术是类似的，能够让人延年益寿。到冬天特别寒冷、树叶落尽的时候，就可以挖出长成的山药了，长的有猿猴胳膊那么长，粗的就像肥厚的熊爪子。朋友相聚时，铜鼎下架起柴火，炖一锅山药羹，足以驱除寒意。司马光另一首《答昌言求薯蓣苗》中说："会种十亩余，坐取诗盈箧。"这是散淡的生活态度，又是一种对生活的期许。"蓣芋姜蘖绿满畦"（邵雍《首尾吟》），种芋就是种下生活的希望，通过自己的积极努力，得到物质和精神的双丰收。

《山家清供》中所说的"玉延索饼"，原料就是山药，秦楚之间又称之为"玉延"。秋天时，采集白色的根茎，加白矾浸泡一夜，洗净黏液，烘干，研成粉，适合用来做水煮的面食。如果要做面条，就要多加研磨，将粉装进竹筒；再准备一盆淡醋，把竹筒在淡醋盆里过一下，再在水里浸泡去掉酸味，然后就像普通做面条那样就行了。如果是想把山药煮熟了吃，只要煮熟后刮去皮，蘸着盐或者糖吃都可以。山药性温，无毒，能补身子。因此，陆游《书怀》云："久缘多病疏云液，近为长斋进玉延。"

芋的吃法，或蒸，或煮，或用来做羹。苏轼的《过子忽出新意，以山芋作玉糁羹，色香味皆奇绝。天上酥陀则不可知，人间绝无此味也》云：

> 香似龙涎仍酽白，味如牛乳更全清。
> 莫将南海金齑脍，轻比东坡玉糁羹。

把芋剁碎做成的羹，又滑、又香。范成大的《素羹》也是类似的做法：

毡芋凝酥敌少城，土薯割玉胜南京。
合和二物归藜糁，新法侬家骨董羹。

只有看重自己，才会看重自己的生活，把普通的食材做得精致，既是感官的享受，也是对自己心灵的极大慰藉。

冬天最具浪漫色彩的，是“煨芋”。“掘炉煨芋栗，呵笔写诗篇”（赵友直《山中即景四首》），“瓦甑添蒸芋，铜铛旋煮茶”（宋伯仁《到家》），这是清贫生活的常态；“莫嗔老妇无盘饤，笑指灰中芋栗香”（范成大《冬日田园杂兴十二绝》），“地炉燔芋软如酥”（陆游《病思》），“地炉枯叶夜煨芋，竹笕寒泉晨灌蔬”（陆游《闭户》），生活清贫，却不乏温暖，不乏自得其乐；蒲寿宬的《牧童歌十首》描绘的“倦来牛背卧，一觉度前冈。牛饱儿呼饿，归来煨芋香”，是贫民的专属享受。苏轼的《除夕，访子野食烧芋，戏作》云：

松风溜溜作春寒，伴我饥肠响夜阑。
牛粪火中烧芋子，山人更吃懒残残。

苏轼自己写过一篇《记惠州土芋》，说岷山脚下的民众，饥荒年时，只能用土芋充饥。尽管是荒年，却并没有发生瘟疫，于是就明白土芋是好东西。《本草》这样解释“芋”：芋是土中灵芝，可以益气，可以充饥。惠州这种土芋多得很，可是还是有人吃了会生病。吴远游说，这不能怪土芋。吃芋，应该把皮去掉，用湿纸包着，放进火里烤得熟透，趁热吃，又酥又香，还甜甜的，这样才能补气，才能充饥。可是当地人带皮放在水里煮，又是吃冷的，土芋硬邦邦的，也没有什么味道，就容易生病。苏轼说丙子年除夕前两日，夜里饿极了，远游烤了两个土芋给他吃，味道好极了。

懒残，是唐代袁郊写的传奇小说《甘泽谣》里的人物。邺侯李泌在衡岳寺读书时，寺里有个做杂役的和尚，人们说他特别懒，又总是吃别人的剩饭，因此大家叫他懒残。可是李泌听到懒残深夜念经的声音响彻山林，断定这个和尚不是凡人，于是就在某个深夜悄悄拜访懒残。懒残听说李泌是来叩问前程的，唾了一口，又破口大骂，还不管不顾地点着牛粪烤火，从火堆里取出烤熟的芋来吃，吃了一半，把带着牛粪和口水的半个芋递给李泌。眼看着李泌恭恭敬敬地接过芋，吃完了又毕恭毕敬地致谢，懒残就懒懒地说：“你别多说话。领十年宰相吧。”据说李泌后来真的当了十年宰相。

有人考证过，这个故事是个传奇，唐代有几个有名的李泌，但是跟这个故事都没有关系。懒残，这个人物也落不到实处，但是，文人只要说到“芋”，就会提到他。“牛粪火堆煨芋熟，时时拾得懒残余”（刘过《简能仁礼老》），“酥盘荐酒迎春寿，芋火谈禅数夜更”（崔敦礼《送芋酥与宿斋三学士》），释绍昙的《煨芋》更是明白阐释了什么叫“懒残态度”：

粪火香凝午梦初，烂煨黄独替春蔬。
山童急把柴门掩，只恐闲云引诏书。

黄独，山药的一种。用牛粪火煨山药来代替春天的蔬菜，唯恐散逸的香气招来人们的注意，招引来征召的文书，所以赶紧叫童子关门。“薯蓣堪羹杞可斋”（杨万里《寄题喻叔奇国博郎中园亭二十六咏·药畦》），芋是一味药，专治浮躁；“竹篱虚处，密栽甘橘，荆桥斜畔，疏种香梅。山芋芼羹，地黄酿粥，冬后春前皆可栽。门通水，荷汀蓼渚，足可徘徊”（王质《沁园春·闲居》），诗和远方、柴米油盐，都在诗人的生活当中，都在一篇诗词之中。他们表明心志：“烂煮园蔬，熟煨山芋，白发苍颜穷秀才”（王迈《沁园春·迎方右史德润》），“煨芋不嫌牛粪火，供茶就用鹿衔花”（刘克庄《溪庵十首》），懒残的生活态度就是随遇而安，耐得清贫；“影横月窗梅，香透地炉芋”（柴元彪《纸帐吟》），即便贫寒，尤高洁；“山色春秋老，梅花天地香。半炉煨芋火，意味颇悠长”（艾性夫《癸巳小至》），自得其乐；仇远的《题小阁》云：

斫窗黏纸著方床，四面虚明取向阳。

毡席坐来终日暖，皮帘揭动北风凉。
挂瓶水满梅花活，折鼎汤鸣芋子香。
布被蒙头昼眠熟，不知门外雪洋洋。

有梅花则雅，有芋子则饱，有毡有被，悠闲自在，温暖适意。

知味谁调玉鼎羹

寒冷的冬日里，既能消除凛冽的寒意又能果腹充饥的，热气腾腾的羹是再合适不过了。宋代诗人的笔下，有肥美的羊羹，有清雅的梅花羹，也有鲜香的鱼羹。陆游的《初冬》云：

已罢弹冠欲挂冠，一庵天遣养衰残。
雨荒园菊枝枝瘦，霜染江枫叶叶丹。
羹釜带鳞烹白小，蓬门和蔓系黄团。
夕阳更动闲游兴，十月吴中未苦寒。

初冬的江南，天气还不是很冷，四处还不是很萧索，美味略能补偿秋天的失落。小白鱼带着细小的鱼鳞就直接炖成羹，那味道该是多么鲜美。陆游的《初冬绝句》更是赞美了江南的美味：

鲈肥菰脆调羹美，荞熟油新作饼香。

自古达人轻富贵，例缘乡味忆还乡。

肥鲜的鲈鱼，脆鲜的菰菜，美味的羹汤，香喷喷的荞麦油饼，为了能长吃这样的家乡饭菜，不去追逐富贵荣华，这才是真正的达人。诗人在《初晴》中又赞道：“客户饷羹提赤鲤，邻家借碓捣新粳。柴荆莫怪无车马，恰要无人识姓名。”

而宋代诗词中咏赞更多的则是味道清淡的菜羹。朱敦儒的《种芜菁作羹》诗强调，与其在名利场上争斗，“争似野人茅屋下，日高淡煮一杯羹”，这种散淡和闲适，名利场上的斗士是无福消受的。释德洪的《食菜羹示何道士》云：

獠奴拾堕薪，发爨羹藷米。
饱霜阔叶菘，近水繁花荠。
都卢深注汤，米烂菜自美。
椎门醉道士，一笑欲染指。
诫勿加酸咸，云恐坏至味。
分尝果超绝，玉糁那可比。
鲜肥增恶欲，腥膻耗道气。
毕生啜此羹，自可老儋耳。

菜羹是清寒生活的象征，而能够与世无争，甘于清寒平淡，则可以远祸全身。这个中滋味，凡夫俗子难以参透。“我贫觞豆薄，饭豆兼羹藜”（晁公溯《陈行之二年三至宁江尝有游吴之兴而尚不果》），“本无食肉相，每饭甘藜羹”（艾性夫《题四止庵》）。姜特立也有《菜羹》云：

浅下姜盐细点油，小甘微苦嫩香浮。
是中自有天酥味，说与馋儿只调头。

白玉蟾的《菜羹》也说：

一卷仙家煮菜经，宰夫失笑太官惊。
蓝田山里空餐玉，岂知闻韶别是清。

缺油少盐，反倒成就了诗人们敏锐的味蕾，能够品尝出菜羹美味的，必须是同道，或者是同样生活境况的，同样经受过生活磨砺的。“家寒多食淡，客好不嫌贫”（艾性夫《饭客》），“山翁到老谋生拙，抱瓮崎岖博一羹”（艾性夫《灌园》），陆游的《招邻父啜菜羹》云：

老境遗人事，穷居砭世肓。
茅檐听雪滴，瓦鼎爇松肪。
不愿封侯印，惟求煮菜方。
杯羹须及热，剩欲唤君尝。

化雪天气，非常寒冷；松柴熊熊燃烧，瓦鼎里煮着菜羹，给寒冬的人们带来了暖意。诗人说，不愿意追名逐利，只想找到怎么做菜羹的方法。菜羹只有趁热才好吃，老先生赶紧来啜一碗吧，好暖暖身子。“陋巷最贫谁氏子，藜羹瀹饭味诗书”（陈宓《和崇安壁间》），这样贫寒的日子，唯有心静，唯有自甘寂寞，才能品尝得到真滋味，“亦莫城中买盐酪，菜羹有味淡方知”（陆游《老甚自咏》），“蜡味溪山闲里嚼，齑羹松竹静中尝。把琴弹破世间事，净几明窗一炷香”（白玉蟾《淡庵倪清父》）。“老僧挈筠篮，上山拾羹材。归煮南涧水，至味谢盐梅”（冯时行《游石龙偶成寺僧通首坐饱历丛林归老山故诗多及之》），居住在山林里，过原生态的生活，尝本真的味道。

白玉蟾的《课园夫二首》其一曰：“数时稽食籍，醢芥又羹芹。”这让人想起《山家清供》里有一则“碧涧羹”，说芹菜有不同的品种，也可以有两种吃法：一种吃法是焯过之后，用盐、醋、茴香、碎芝麻一起腌渍；一种吃法是煮羹。芹菜煮羹，清清淡淡，有芹菜的香味，颜色就像碧绿的山涧溪水一样。这种羹汤在宋代诗词里出场频率很高，这是诗人们高雅情操和贫寒生活的真实写照。“鸡豚下箸不可常，况复妄想太官羊”（陆游《菜羹》），他们神定气闲地守着这一份平静。“地炉篝火煮菜香，舌端未享鼻先尝”（陆游《菜羹》）；“菘芥煮羹甘胜蜜，稻粱炊饭滑如珠”（陆游《病中遣怀》）；“葵羹稗饭悠然过，一饱元非造物悭”（陆游《老鳏》)；“粗羹粝饭偏知味”(郭印《次韵正纪见贻之什》)；“日羹野菜同妻饭，时傅邻篘对客觞”，“近来少入城中去，为爱闲居滋味长”(耕吴《村庄即事》)。他们安贫乐道,悠然自得,“我望天公本自廉，身闲饭足敢求兼！破裘负日茆檐底，一碗藜羹似蜜甜”(陆游《午饭》)，还勉励儿孙：“子孙勿厌藜羹薄，此是吾家无尽灯”(陆游《平昔》)。

有时候，清淡绝不等于粗粝。范成大的《素羹》赞自家的“骨董羹”云：“毡芋凝酥敌少城，土薯割玉胜南京。”他说芋艿和山芋，比大都市的名菜味道好，把这两样好东西，与玉米糁一起煮成羹，这是我家的创新骨董羹啊！陆游也常做这样的羹，“风炉歙钵生涯在，且试新寒芋糁羹”(《晨起偶题》)，“残雪初消荠满园，糁羹珍美胜羔豚”(《冬夜读书示子聿》)。受到盛赞的这种羹，原创是苏轼父子。

《山家清供》“玉糁羹”记载，苏轼有一天晚上与弟弟苏辙一起饮酒，喝到畅快时，把萝卜拍碎，与研碎的米粒一道煮得烂烂的，什么作料都没有放。饱饱喝过之后，苏轼放下筷子摸着肚子说：“除了天竺国的酥酡，人世间没有比这个羹再好的美味了。”于是写诗纪念。而这首诗所写的“玉糁羹”是以山芋为原料。陆游也曾“西游携得蹲鸱种，且共山家玉糁羹”(《病中杂咏十首》)，“斸芋挑蔬自鬻羹”(《晚兴》)，也曾“穷人旋画膨脝计，自买蹲鸱煮糁羹”(《新晴出门闲步》)。玉糁羹不仅是自家常吃，也是待客美食，程公许的《和若水赋圃梅花三绝句》云：

> 踏雪微吟分外清，蓝桥底处觅云英。
> 客来何物供娱玩，竹叶新笃玉糁羹。

赏美丽的雪景，看梅花，小酌几杯，清净雅致的生活里，有一碗热腾腾的糁羹，顿时就有了生动的香气和温情。

说到糁羹，必然要提到“东坡羹”。陆游的《食荠糁甚美盖蜀人所谓东坡羹也》赞曰：

> 荠糁芳甘妙绝伦，啜来恍若在峨岷。
> 莼羹下豉知难敌，牛乳抨酥亦未珍。
> 异味颇思修净供，秘方常惜授厨人。
> 午窗自抚膨脝腹，好住烟村莫厌贫。

姚勉也说“纵无介甫鱼羹饭，也学东坡饱菜羹”（《答渔翁》）。苏轼的《狄韶州煮蔓菁芦菔羹》说的就是“东坡羹”，也就是素羹，苏轼还专门写了《菜羹赋并叙》《东坡羹颂》，详细介绍做法：锅底先用油涂抹一遍，一只大碗外面也用油抹一遍；把荠菜、蔓菁之类的蔬菜洗净，如果自身带有苦味的，揉洗去掉苦汁，下到开水锅里（如果是瓜、茄子之类，切成块再下）；放粳米和少许生姜；等锅再次烧开时，把涂过油的碗扣上。这样，羹滚开的时候，因为有油碗压着，菜羹不会涌到甑子里去，但是煮羹的蒸汽可以把米饭蒸熟。因为羹上盖着个碗，羹更容易烂，味道也更香浓。饭熟羹烂，清香味美。文人雅士一直极为推崇“东坡羹”，朱弁的《龙福寺煮东坡羹戏作》曰：“手摘诸葛菜，自煮东坡羹。虽无锦绣肠，亦饱风露清。”释德洪的《东坡羹》云：“东坡铛内相容摄，乞与馋僧掉舌寻。”陆游则在“东坡羹”的基础上自我发挥，“年来传得甜羹法”（《甜羹之法以菘菜山药芋莱菔杂为之不施醯酱山庖珍烹也戏作一绝》），他的《甜羹》说得更明白：

山厨薪桂软炊粳，旋洗香蔬手自烹。
从此八珍俱避舍，天苏陀味属甜羹。

所谓“甜”，就是摒去了任何作料，充分显露食材本身的味道。林洪的《山家清供》介绍了另一种做法，就是把大茴香、小茴香、姜、椒晒干研磨成粉，贮藏在葫芦里。煮菜羹的时候，锅刚开，就把这混合的粉末与熟油、酱一起放进去，马上盖上锅盖。即便是这样，满山已经都是香味儿了，所以林洪称之为“满山香”。

冬日里的菜羹，驱除寒气，从宋朝一直穿越到今天啊！

大嚼蒸羊手更叉

羊肉在宋代是高档肉食。陈师道在《后山谈丛》中记载，御厨不能用猪肉，按照祖宗家法，皇帝只能吃羊肉，皇上赐宴以羊肉为大菜，这是规矩。宋代官员除了俸禄以外，每月还有两到二十只不等食料羊的福利。萧泰来的《腊祭谒告》中说“官卑岂愿乘肥马，食俭惟知取瘦羊”。“瘦羊”是一个典故。东汉建武年间，每到冬天，朝廷都要给专门研究经学的博士官发一只羊。一群羊有大有小，有肥有瘦，博士官经常为分羊争吵。于是有人想出了杀了羊平均分肉的办法。甄宇觉得很羞耻，于是一言不发到羊群里挑了一只最瘦的。其他人也不好意思争抢了，甄宇因此被称为“瘦羊博士”，宋代诗人对这个典故用得很频繁。因为羊肉贵，所以很多贫寒人家“从来不起羊羔想”（陈著《余床帐为过兵卷去答梅山弟用余韵见寄》），“太官羊肉非吾羡，一箸藜羹劣可尝”（王迈《和林养正龟符惠诗》）。戴复古在《胡倅送羊烹以会客》中描绘收到朋友馈赠的羊肉，用来招待客人的情景：

烹膻会宾客，花酒一时来。
愁逐歌声散，心随笑口开。
饮疑金盏漏，醉到玉山颓。
借问欢娱地，相逢能几回。

陆游在《老学庵笔记》中说，宋代人崇尚苏氏父子的文章，认为如果把他们的文字研读精熟，自己就能作得妙文，就能中进士得官，于是，当时流行这样一句谚语：“苏文熟，吃羊肉；苏文生，吃菜羹。”吃羊肉在当时成了做官的代名词，羊肉也成了矜贵而美味的象征。

在踏冻寻梅的冬季，暖身暖胃又养生的，当数羊肉。“细肋朝来正割鲜”（刘宰《柬张簿二首》其一），“细肋”正是羊肉。苏辙曰“汤饼羊羹火入腹”（《逊往泉城获麦》），尤其是年节将近，更是“岁时伏腊走村翁，醵钱买酒烹羊豕”（蔡如松《九侯山神诗》）。

当时的人们很看重胡羊。胡羊，顾名思义就是生长在胡地的羊。《方国志》记载：“大食国出胡羊，高三尺余，其尾如扇，每岁春月取其脂，再缝合之，不取则胀死。”这种传说无从考证，但胡羊的肥美被人们广泛称道：“剪毛胡羊小耳肥”（李复《戏谢漕食豆粥》），“胡羊肥美了无膻”（陆游《书事》），“胡羊美无敌”（陆游《远游二十韵》）等。受到盛赞的还有“栈羊”，如“栈羊拨香糈，蔬畦剪霜芥”（李流谦《峡中赋百韵》），“暴醉琳腴饱栈羊”（陈造《次两知县韵四首》）等。栈羊，就是特别精心圈养的绵羊。选体壮的羊重点喂养，定时加喂精饲料，这样的羊增膘快，肉质细嫩，吃起来不膻不腻，味美醇香。

羊肉的做法很多，宋代诗词中咏赞比较多的是羊羹。刘过有《赋羊腰肾羹》云：

> 拔毫已付管城子，烂首曾封关内侯。
> 死后不知身外物，也随樽俎伴风流。

《坚瓠集》记载，辛弃疾统领浙东时，刘过想投到幕下，没有被接受。朱熹和张栻给他出了个点子。有一天，辛弃疾正大宴宾客，听到外面吵闹，原来是刘过进不来，跟门童大吵大闹。朱熹、张栻趁机劝辛弃疾，说刘过是豪杰，善于写诗作赋，不妨让他进来。当时正好上了一道羊腰肾羹，辛弃疾就叫刘过以这道羹为题写一首诗。刘过冻坏了，请求先给他一杯酒，喝完了酒请问用什么韵。辛弃疾见他喝酒时手抖，滴下的酒流到了胸前，就说“以流为韵”。刘过随口吟了这首诗。辛弃疾大喜，请刘过入席，吃羹，直到终席。这首诗没有提一个“羊”字，写的却全是“羊”：“管城子”，指毛笔，韩愈的《毛颖传》称毛笔为“管城子”，毛笔通常是由羊毫制成的；诗的第二句典出一首讽刺滥封官爵的民谣："烂羊头，关内侯。"刘宰有《玉糁羊歌》云：

华阳洞口玉糁羊，世人传得神人方。
雪团入口桂椒香，能令老者寿而康。
瑶池玉佩正丁当，箸包聊荐九霞觞。
世言神仙不鲜食，初平山中果何物。
桃源更有避秦人，割鸡为黍迎来宾。

玉糁羊就是玉糁羊羹，在"东坡羹"的基础上又加了羊肉。羊肉、萝卜、碎米，加盐、桂、椒为调料，入口顺滑，嚼来柔嫩酥软，是又香又暖和的冬日美餐。另有一说，羊羹是宫廷名菜，最初用于祭祀或宫廷御筵，后来在宫廷和市井流行。羊羹是把豆粉等辅料灌入羊肚内，蒸熟之后冷却，这是西北风味的冷菜。如苏轼有"秦烹惟羊羹，陇馔有熊腊"（《次韵子由除日见寄》）的诗句。"颇闻糁羊美，无酒破愁颜"（方回《过句容县》），说的是有冷菜却没有酒。欲将"羊羹当蟹螯"，是因为"闻道巫山县，秋深好白醪"（冯时行《就得胜寨遣人入巫山买酒》）。

羊肉最受欢迎的吃法，可能就是烤，也就是诗人们所说的"羊炙""烧羊"。"连年食羊炙，便欲忘莼羹"（苏辙《送余京同年兄通判岚州》），还讲究"甘凉最宜茶，羊炙可用雪"（苏辙《答荆门张都官维见和惠泉》）。苏轼很喜欢吃羊肉，他会吃，更会做："先将羊肉放在锅内，用胡桃二三个带壳，煮三四滚，去胡桃，再放三四个，竟煮熟，然后开锅，毫无膻气。将胡桃敲开，则臭不可当。”胡桃把羊肉的膻味全部吸走了。他也曾作诗：“平生嗜羊炙，识味肯轻饱”（《正月九日，有美堂饮，醉归径睡，五鼓方醒，不复能眠，起阅文书》）。在被贬惠州、没有烤羊肉吃的艰苦条件下，苏轼还能苦中作乐。惠州市井生意不好，冷落得很。虽然每天也杀一只羊卖，但是苏轼不敢跟当官的抢着买，就悄悄跟屠夫商量，用很少的钱买下没有人要的羊脊骨。羊脊骨间有很少一点点肉，苏轼把羊脊骨放到水里煮熟，趁热捞出来（要是不趁热捞出，肉的水分就太多了），再把羊脊骨泡在酒里，然后捞出来稍微撒点儿盐，用文火烤，羊脊肉就能吃了。在骨头缝里剔呀挖呀，就像从螃蟹大螯里抠出肉来一样。过几天吃上一次，觉得很有补益。苏轼给弟弟苏辙写信，还打趣说，子由啊，你吃官家的饭，怎会知道羊脊骨这样的美味呢？不过，要是我这样吃羊脊骨的方法盛行，爱啃骨头的狗狗们就不高兴了，因为我啃过的羊脊骨无肉且无味。类似这种心态的还有陆游，说得也很有趣，“传芳那解烹羊脚，破戒犹惭擘蟹脐”，喝完了酒“一醉又驱黄犊出，冬晴正要饱耕犁”（《今年立冬后菊方盛开小饮》），就着羊脚喝得那么开心。羊脚的滋味有那么好吗？原来，这是心态好。现在的行家做菜，光是羊的脚，也能做出好几道：烧羊蹄、扒羊蹄、蒸羊蹄、烹羊蹄、干炸蹄花、假鱼翅……大大满足了怕吃多了长胖的食客的需要。

梅尧臣有诗《江邻几寄羊羓》云：

细肋胡羊卧苑沙，长春宫使踏霜羓。
蒺藜苗尽初蕃息，苜蓿盘空莫叹嗟。
自乏良谋甘更鄙，犹能大嚼快无涯。
磨刀为削朝霞片，时引清杯兴转嘉。

羓，珍贵的羊，也有说是干肉。诗人这是收到了朋友送来的礼物而写的答谢诗。“朝霞片”,是切成的肉片像早上的云霞的颜色，这让人联想起《山家清供》中说的“拨霞供”，“拨霞供”实际上就是兔肉火锅，林洪作诗形容火锅沸腾、涮肉片的图景：“浪涌晴江雪，风翻晚照霞。”“拨霞供”全文的最后一句说，猪羊肉都可以这么吃。事实上，现代考古也真的发现了辽代的墓葬壁画有契丹人涮羊肉火锅的场景。如果说梅尧臣吃了一顿羊肉片火锅，也在情理之中。

枕曲眠糟得意时

从来都以为“糟”是个贬义词，“糟粕”是坏东西，是腐烂的东西；“糟糕”，是办坏了事情；可是宋代人笔下的“糟货”却是美食，是带有特殊酒香味的菜肴和调味品。“烹羊宰牛坐糟丘”（汪元量《夷山醉歌》）是纵情享受。

糟的基本意思是酿酒剩下的渣子，又指制作食物的方法，用酒糟腌渍食材。初冬时，“燎炉薪暖糟床响”（戴表元《舒子俊见过》），酿的酒快熟了，听着都让人开心；过年的时候，在炉火前喝着酒守岁：“糟醨新醅白，柴锥软火红”（范成大《除夜地炉书事》），“餔糟只欲伴屠苏”（周必大《戊子岁除以粣代酒送邦衡邦衡有诗见戏仍送牛尾貍次韵》），困顿时，如果有朋友“携酱藉糟来过我”（朱翌《有惠新酱及酒者》），是及时雨，更是珍贵的情义。

宋代诗词中，用酒糟为原料制作的美食，糟蟹可以称得上是第一名。项安世有《糟蟹和潘德文》云：

大戴笑汝无穴空双螯，小戴笑汝有筐如子皋。
太玄笑汝长郭索，入穴惭蟺升惭猱。
知心但有毕吏部，卧起与汝同酒糟。
后来爱者苏长公，亦只许汝中山醪。
固知合向一丘老，安得上与三辰翱。
长公貌喜心未敬，虽羡微生犹恶饕。
我疑吴侬修稻怨，和秫醢汝偿民膏。
虽然因此得长醉，痛贬未必非深褒。
又疑毕叟妒刘掾，曾以螟蛉轻二豪。
故回左手就箕踞，持螯藉糟成两高。

大戴，就是西汉末年的礼学家戴德，他可能做了一个较早的《礼记》校注本；小戴，是西汉礼学家戴圣，他编订过《礼记》；太玄，即《太玄经》，西汉末年扬雄所撰。这首诗全文用了与糟蟹对话的体例，劈头就对螃蟹说，你从来都是借住在别人家里，自己不打洞，因为你的性气太浮躁了，大戴、小戴和扬雄都批评你心神不宁，用心不专。进洞，你愧对黄鳝和蛇，往上爬，你又羞见善于攀援的猱猴；只有东晋时的毕卓，似乎能和现在的你称得上是知己，整天都在酒糟里起来躺下。你以为苏轼喜欢你？他只是答应把松花酿的酒给你。你以为有了这种养生酒，就能和天地日月一样长生不老了？他说的喜欢你其实不是爱你尊重你，他虽然爱护生命，可是见到了你，他就像个贪吃的饕餮之徒。你现在这样，我猜想可能是吴越之地的人怨恨你糟蹋了稻子，所以用酒把你腌渍了来还债。一手持螯，一手持杯，随意坐着，大嚼畅饮，多么舒坦。这首诗写得很有趣，调侃糟蟹的同时让读者知晓典故、粗知糟蟹的制作。陆游也有过类似的诗句，“醉死糟丘终不悔，看来端的是无肠”（《糟蟹》）。“风味端宜配曲生，无肠公子藉糟成”（曾几《糟蟹》），酒糟使得螃蟹更加鲜美，而且还能在冬天享受，曹勋的《送新酒糟蟹与贾之奇五首》其一云：

> 小酢银槽新拨醅，带糟郭索佐樽罍。
> 一时送上天台友，助对梅花人举杯。

《送新酒糟蟹与贾之奇五首》其二咏赞道：“捣香筛辣宜相送，似胜骑鲸月下杯。”糟蟹和新酒，在梅花下与朋友一道举杯，这是冬日里最温馨的场面，具有高雅的格调。

糟蟹的做法，是将螃蟹洗净去鳃，用盐水腌渍后，埋入好糟，仅露出壳面，熟油密封，十天以后拿出来猛火快蒸，吃起来鲜滑可口。特别会吃的杨万里赞“霜螯略带糟”（《和李天麟二首》），就是说糟蟹有一点淡淡的酒香最好吃。李曾伯的《送糟蟹遗制幕》云：

江乡霜后饱珍肴，万里持来仅带糟。
虽惜横戈酣白蚁，尚知解甲护红膏。
开樽祇觉牵归兴，作赋犹当继老饕。
油幕晚寒梅影静，亟持大白荐双螯。

这糟蟹做得真心不错，在那个没有快递速运的时代，行经万里寄到，打开来看，只是淡淡带点酒香，蟹膏还是红的；在静悄悄的冬日黄昏，面对静悄悄的梅枝花影，赶紧倒上大杯的酒，来品尝美味的糟蟹吧！在“前溪梅影疏”的场景里，“开怀风味佳”（陈起《适安惠糟蟹新酒》），“细剔膏苏付馋子，却吟醉骨属诗仙”（姜特立《糟蟹呈虞察院》），让人陶醉；这样的美味“闭户独享良多愧”（陈造《分糟蟹送沈守再次韵》），于是就分送给友人同享；杨万里的《德远叔坐上赋肴核八首·糟蟹》云：

横行湖海浪生花，糟粕招邀到酒家。
酥片满螯凝作玉，金穰镕腹未成沙。

做糟蟹很讲究技巧，操作稍有不当，就会蟹肉松散，鲜味全无。为了能够腌渍成功而“未成沙”，可谓妙计迭出。有人说，做糟蟹时，不能同时用酱料，如果用了酱料，只能保持很短的时间内不“沙”；还有人说，做糟蟹时，公蟹和母蟹要分开，若是放在同一个容器内，也会“沙”；还有人的秘诀是，做糟蟹时，最下面要放一颗芡实，这样的糟蟹，才能保持“一腹金相玉质”（杨万里《糟蟹六言二首》其一），吃起来才会鲜美。

用糟蟹同样的方法，还可以糟螃蟧。郑清之的《糟蟚蜞送茸芷》说：“太真小物自足佳”，小螃蟹糟过之后味道也极其鲜美。糟鱼，也是美餐，“红糟酿鱼可荐酒，剧饮谁能尽五斗”（董嗣杲《离沣源口即事》）。“红糟淮白复脆美，佐之绿菘作吴羹”（郑獬《冬日示杨季若梁天机》），雪珠纷纷洒落，就着糟鱼菜羹雅聚小酌，美妙极了。糟过之后更美味的，还有蚶，陈造的《谢张德恭送糟蚶三首》称赞：“谁与江瑶角长雄，一时风味两无同。”还有海鱼，“宝鳖带糟俄入眼，儿童惊动哄寒厨”（陈著《侄孙桀献醉鳖以一绝复之》）。还有蛤蜊，“枨拖金线成双美，姜擘糟丘并一家”（杨万里《食车螯》）。冬天，远离水乡的人们能吃到鲜美的水产品，糟，功莫大焉。

糟，用来制作肉品，又将如何？洪咨夔的《谨和老人赋牛尾貍二首》说：“糟熟涎奴舌，齑芳点客头。”这是说，味道大美！陆游也说：“新糟厌玉狸，畏酒亦复醽”（《游大智寺》）。是因为糟狸的味道太好，所以诗人才忘情干杯。杨冠卿更是有趣，“得酒且大嚼，勿令儿辈知”（《甲辰季冬残腊大雪主人以糟玉面狸及尊酒为饷》）。美食当前，竟然不想让孩子们知道，这味道有多好，不用细说了，这个馋嘴爸爸还护食，真是好笑。既然狸能糟，那么，其他的肉品也能用糟腌渍了。苏轼有“剩与故人寻土物，腊糟红曲寄驼蹄”（《次韵钱穆父马上寄蒋颖叔二首》其一)，杨万里有“小摘梅花篸玉壶，旋糟熊掌削琼肤”(《探梅偶李判官馈熊掌》)；虞俦甚至糟了老虎肉，“族庖堪恨无风味，红晕蒸花更藉糟”(《家书送白额因赋》)。现代人做糟肉，可以先在瓷罐底部平铺一层盐，将肉切成大块放进罐子里，洒上调料，然后用酒糟盖上，密封几天后开盖取食，此时糟香已经透进了肉里。酒糟可以祛腥、提鲜、增香，在一定程度上还抑制了细菌生长，延长了保鲜期。

用酒糟和调料可以做成“香糟”，用香糟可以腌渍各种蔬菜，过冬吃再合适不过。尤其是糟姜，更是大受欢迎。“糟泥子姜仍旧法，笼缄干笋俨新题”(陈造《对客再次韵》)，“棕花蒸煮蘸醯酱，姜茁披剥腌糟醅”(陆游《戏咏乡里食物示邻曲》)，迷人的香鲜为萧瑟的严冬增添了些许美好的回忆。

醉卧月华嚼梅蕊

一向以为，凌寒绽放的梅花是用来欣赏的，用来饱眼福的，如蔡士裕的《咏梅》赞颂梅花“本无烟火尘氛气，洗尽铅华脂粉羞”，因而“月夜携樽相对饮”。清绝品格的梅，的确助雅致，清神思。却不料，宋代诗人们的“品梅”，还真的动用了唇舌齿牙，直接满足口腹之欲。文人喜欢咏梅，品尝梅花的味道自然也成了雅事；而这，正是他们对梅花品格的心理认同，也是他们的某种自诩。

戴复古有《梅花》云：

潇洒春葩缟寿阳，百花惟有此花强。
月中分外精神出，雪里几多风味长。
折向书窗疑是玉，吟来齿颊亦生香。
年年茅舍江村畔，勾引诗人费品量。

这首诗描绘出了梅花的品貌和风骨，越是清冷的环境，越显出它的冰清玉洁、它的傲然不群，吟诵着梅花诗，感觉一呼一吸都是清新的，吟诵得时间久了，似乎整个脸颊和嘴巴都沾染了梅花的香气。而陈深，则是真实地喝到了“新汤”：

飞尽梅花重惜芳，仙房想像制新汤。

犹疑清浅溪头汲，石鼎煎来水亦香。（《南湖史君制暗香汤奇甚赋二绝求之》）

诗人想象这一杯清香的饮品是怎样做成的。在梅花纷纷飞落的时候，正是烹制新奇饮品的时候；这样美妙的时光，就是取来溪水上游清澈的泉水，用石鼎煮开，这水也是香香的。这样的饮品，称为“暗香汤”，再贴切不过。明代高濂的《遵生八笺》记载，冬天，在梅花将开未开之时，清晨连着花萼一起将花朵摘下，放在瓷瓶里，估摸着一两重的花，洒炒熟的盐一两，不能揉伤花朵，然后用厚纸一层一层把瓷瓶密封起来，放在阴凉的地方。到晚春初夏的时候，杯子里事先舀一小勺蜜糖，按照需要取出两三朵梅花放进杯子，用滚开的水一泡，花朵就会绽放开来，就像鲜花一样鲜嫩可爱，散发着诱人的清香。

诗人们闻香、品香，还“共嗅梅花咀芳鲜”（刘宰《和刘圣与顾龙山约客韵》），“醉把天葩嚼蕊香”（胡寅《和用明梅十三绝》）。而且，有同好的诗人还不少。方岳就“径就梅梢嚼清冷，相如渴肺久生尘”(《立春前一日雪》),“自嚼梅花冰片片”(《壬寅元日》),“自撼枝头供一嚼,了了此心清净觉”(《雪中观梅》)。

刘翰的《小宴》云:

一曲歌云劝玉觞,归来斜月恰侵床。
小窗细嚼梅花蕊,吐出新诗字字香。

酒宴曲终人散,已是半夜,回到住处,清净的月下,倚着小窗,摘下梅花细细咀嚼,吟成的新诗,字字都带着清香。嚼梅静心,这是精神层面的享受。顾逢的《嚼梅》云:

冷灶无烟过午时,可怜童鹤望邻炊。
饥来细把梅花嚼,不信梅花不疗饥。

很有点无奈,还有几分赌气的意味。嚼梅,说到底,还是精神层面的享受多一些。“醉卧月华嚼梅蕊,满身清影乱交加”(白玉蟾《赏梅感兴》),是从喧嚣中寻觅清净世界;“醉里送君何所有,嚼梅花碎写成吟”(陈著《次弟观为陈子得纳妇别李亲家》),是想把一份真诚相赠;“卧看山月凉生梦,饥嚼梅花香透脾”(罗椅《酬杨休文》),表明自己不忘初心。范成大在陈起编撰的《江湖集》诗注中说,山谷里梅花盛开时,曾在西湖边饮酒赋诗,大醉之后,守住一株梅树,摘下梅花大嚼。苏轼也曾“清香细细嚼梅须”（《浣溪沙·前韵》）。而杨万里的嚼梅似乎显得很实在，他的《庆长叔招饮一杯未釂雪声璀然即席走笔赋十诗》云：

南烹北果聚君家，象箸冰盘物物佳。
只有蔗霜分不得，老夫自要嚼梅花。

满桌丰盛名贵的菜肴，大家都可以尽情分享，只有这白糖，要独占了，为何？要留着嚼梅花的时候用呢！杨万里的《夜饮以白糖嚼梅花》详细描述了他就着蘸白糖的梅花饮酒：

剪雪作梅只堪嗅，点蜜如霜新可口。
一花自可咽一杯，嚼尽寒花几杯酒。
先生清贫似饥蚊，馋涎流到瘦胫根。
赣江压糖白于玉，好伴梅花聊当肉。

杨万里两首诗都有点像打油诗，风趣诙谐。贫困的生活中，有薄酒，有梅花，如果还能有点白糖，就更有滋有味了。嚼梅，这是潇洒不羁、孤高自傲的象征，杨万里也是如此，他自夸“吾人何用餐烟火，揉碎梅花和蜜霜”（《昌英知县叔作岁，赋瓶里梅花，时坐上九人七首》），这些高人雅士的嚼梅，是给自己贴标签，是宣示自己与世俗的“烟火食”对立，以此表明自己的清高脱俗。不过，杨万里在宣扬自己超凡脱俗的同时，也很重视感官享受。梅花入口，满嘴清苦，而且回味悠长，若是没有白糖，的确不是那么美妙。

嚼梅是诗兴大发时的佯狂之举，把梅花放进酒杯又会如何？“插了满头仍渍酒”（邵雍《同诸友城南张园赏梅十首》其一），“新梅花入酒卮香”（司马光《别韵一首》），“且领清香入盏中”（方蒙仲《和刘后村梅花百咏》）。杨万里兴之所至，“旋折冰葩浸玉杯”（《梅花下小饮》），“小摘梅花浸酒壶”（《庆长叔招饮一杯未釂雪声璀然即席走笔赋十诗》），“小摘梅花篸玉壶”（《探梅偶李判官馈熊掌》）。梅花浸酒，更像是行为艺术。

嚼梅，是风雅之举，真把梅花端上餐桌，则更有情调。有的诗人“梅奩促宴瓯”（宋祁《答程职方冬至前一日江上观鱼》），“饾饤上盘登，敢为梨栗伍”（宋伯仁《梅花喜神谱·小蕊一十六枝》），杨万里的《蜜渍梅花》云：

> 瓮澄雪水酿春寒，蜜点梅花带露餐。
> 句里略无烟火气，更教谁上少陵坛。

而《山家清供》的“蜜渍梅花”把“蜜点梅花”落到了实处，林洪介绍的做法是：剥少许白梅肉，用雪水浸泡后，加梅花拌和。露天放一夜，用蜜浸泡，用来下酒，这种清雅风度，与扫雪烹茶略近。

戴复古加以发挥，“饱吃梅花吟更好”（《杜子野主簿约客赋一诗为赠与仆一联云生就石桥罗汉面吟成雪屋阆仙诗》)，艾性夫也说“扫花归作饭”(《追和晦庵先生十梅韵》)，杨万里的《落梅有叹》云：

> 才看腊后得春饶，愁见风前作雪飘。
> 脱蕊收将熬粥吃，落英仍好当香烧。

《山家清供》有“梅粥”记载：把落下的梅花收集起来，拣洗干净，用雪水和上好的白米煮粥，粥快好时，把梅花放进去一起煮，浓郁的粥米香与梅花的清香散发出来，就可以尽情享用了。

将超尘脱俗的梅花与人间烟火食完美结合的还有陈傅良提到的另一种美食：“更看汤饼频频供，笑索梅花到岁除”(《廷植侄得男朱文昭寄诗于汤饼集即席和韵》)，“且探梅花试汤饼”(《赠章虞卿》)。据《山家清供》记载，这梅花汤饼的做法是：用浸泡白梅、檀香末的水和面，将面皮擀得薄薄的，叠起来，用铁模子凿成一朵朵梅花样，煮熟后下在鸡汤里，出锅前若再洒几片梅花瓣更好。《红楼梦》里有一道宝玉挨打之后点名想吃的“小荷叶莲蓬汤”，曹雪芹大约是改造了《山家清供》的做法。

“韭脆鲜鳞缕，梅芳煮醧斟”(方回《次韵张耕道喜雨见怀兼呈赵宾旸》)，当梅花飘到厨房的时候，在诗人笔下，“冰玉精神清且凝”的梅花，有情义、有爱心，“孤艳迥凌仙子桂，余香暗及庶民星”，不仅让普通百姓闻到清香，还“香中更有和羹才”

（胡寅《再和》），“好整和羹入帝庭”（陈淳《依方宗丞和林签判赏梅进璧水之韵》）。梅花还善解人意，“梅花欲报和羹信，故遣清香到寿樽”（陈棣《钱使君知原生辰》）。虽然遭遇坎坷，“本为金鼎调羹物，寥落山林老岁华”（金朋说《梅花吟》），情况却还不太糟糕，“酒煮和羹还好在，预除芜秽莫纷纷”（曹彦约《晚梅》），“奈老不成三弄笛，济时还拟一杯羹”（曹彦约《见梅有感》），给人以实实在在的温暖和体贴。

寻常饮食 四季香

支撑人们生命力的饭

饭，是主食。宋诗中的饭，有麦饭、粟饭、米饭、黍饭、高粱饭等，集中咏赞的，有“野饭”和“青精饭”。有的饭有特殊的文化含义，有的饭饱含着诗人的情怀。

野饭，一是指农家简单粗粝的饭菜，一是指野餐。那么，宋诗中的“野饭”是什么饭，何以得到众多诗人的抬爱？一般情况下，“野饭”都比较简单。杨万里的《晨炊光口砦》这么说：

泊船光口荐晨炊，野饭匆匆不整齐。
新摘柚花熏熟水，旋捞莴苣浥生齑。
尽教坡老食无肉，未害山公醉似泥。
过了真阳到清远，好山自足乐人饥。

这是一顿匆匆忙忙做出来的农家早饭。刚摘下来的柚子花熏制成养胃顺气的饮料，从缸里捞出腌莴苣，切得碎碎的佐餐。陆游的《黄祊小店野饭示子坦子聿》云："食新炊麦饭，尝馌啜莼羹。"说他有一次在小店里，吃的是麦饭，腌过的莼菜羹当菜。许景衡说"野饭久不肉"（《寄左与言》）；郑伯熊说"野饭黄昏只笋齑"（《四月十四日至广陵》）；欧阳修在旅途中"山行马瘦春泥滑，野饭天寒饧粥香"（《送公期得假归绛》）；洪炎的《次韵公实喜晴二首》其二云"野饭只羹藜"，这顿饭只吃了灰灰菜煮的粥。谢逸在村居的好友家吃的这顿饭稍微好点儿，"藜羹浥野饭，松醪酌村瓢"（《怀汪信民村居》），好歹还有山民自酿的浊酒。方岳抱歉地对朋友说，"荠老自堪供野饭，罾寒谁与脍溪鳞"（《寄友人》）。他慨叹归耕的生活远不是想象中的那般飘逸潇洒。

离家在外的那顿饭，往往只能随遇而安。陆游的《野兴》写他开开心心享受"野饭香炊玉"，享受漂泊途中的快乐。他的《野饭》描述了又一次旅途就餐：

> 薏实炊明珠，苦笋馔白玉。
> 轮囷劚区芋，芳辛采山蔌。
> 山深少盐酪，淡薄至味足。

这顿饭，缺盐少油，可是看起来很富足，有剔透如珍珠的薏米，有洁白如玉的山笋；刚从土里挖出来的芋头个头太大，切成小块；刚采来的山间野菜，清苦而芳香。因为没有油盐，反而让人品尝到了这些食材本来的味道。陆游盛赞这样淡泊却纯粹的生活，这种本真的滋味让他感慨“何必怀故乡”。也有的“野饭”并不是在野外、在山林，而是在自己家里。这就是平常所说的粗茶淡饭。周紫芝的《野饭》云：

野饭聊娱老，登盘春物佳。
芼羹横荻笋，煮饼荐槐芽。
鱼尾初垂剑，台苗未着花。

看起来，这顿饭真是别致。虽然不是精致的烹调，可餐桌上都是春天的新鲜食材，野菜羹里有鲜嫩的荻芽，面条上点缀的是刚刚长出来的槐叶，小鱼也是刚刚长出硬刺，菜薹还没有开花，所有的菜都是嫩嫩的、特别新鲜的。这样的饭也只有在远离尘世的地方才能备办。所以，张孝祥在《送张定叟》中特别描绘了住在山间的清净：“群峰最高处，眼界穷尘寰。”“夜榻藉云衲，晓窗闯烟鬟。”在这里，“野饭荐笋蕨，幽寻剪榛菅”，吃笋，吃蕨菜，吃榛树的叶子，吃野草丛中的嫩一点的小草，一切都是最新鲜的。许棐也曾这样描绘：“溪羹旋煮莼丝滑，野饭新炊白玉圆。”现打溪水现煮羹，煮羹的莼菜也是现捞的；现樵枯枝现煮饭，煮饭的鸡头米也是现摘的。这样吃吃喝喝，再加上“扫石共看山色坐，枕书同听雨声眠”，所以许棐不让来访的朋友离开了，“不管归心忙似箭，强留吟过菊花天”（《郑介道见访》）。这么霸道的友情可是有底气的呢，有美餐，有美景！

屈原老前辈，为了表示自己的高雅脱俗，曾说自己喝的水是兰花上的清露，吃的饭是秋天的菊花瓣。宋代的一群雅士，也有这样的自诩。谢逸因为悲秋，以至于抑郁，偶尔到郊外小住，在清幽的湖边彻底放松，临风随便坐着，看荷叶，闻荷香，“斋厨野饭香，园蔬摘朝露”，“清言洗心胸，幸免杯酒污”，顿时心胸开阔，“明晨想兹游，凄凉在何处”（《游西塔寺分韵得处字》）。韩淲受到款待，“持醪留野饭，推食有溪鲜”，享受着村民自家酿造的水酒和就地取材的水生佳肴，领略“地偏心愈远，彼自物争妍”的清幽景色（《次韵斯远过风月斋》其二）。诗僧释德洪也乐意到“篱外霜筠森束玉，屋头露橘欲垂金”的农家去，“能营野饭羹红酱，渡水何辞数访寻”（《题天王圆证大师房壁》），为了吃到这样环境里的洁净饭食，他忍不住一次又一次渡过河去。蔡沆“蓑衣蒙短褐，野饭摘残蔬”（《闲游》），仇远“山巾聊友华阳鹤，野饭时羹古涧芹”（《和费廷玉》），吴则礼“野饭宁忘环堵葵”（《闲居》）。他们安于“野饭多无菜，溪羹或有鱼”（俞汝尚《东山招复古》），“已约山妻同野饭，今年又胜去年秋”（方岳《观刈》），“主人夸野饭，为我煮新芦”（文同《过友人溪居》），简单的满足就很快乐。

说到超尘脱俗，诗僧释文珦《隐居》云：“隐居那用名，名没隐方成。”离群索居的日子，“交绝身常定，心安病不生”，饮食也是“野饭”一类的。如果要更健康一点的饭食，那就是“山肴珍白蕈，野饭美青精”。

青精，就是南烛子，乌饭树的果实，又名乌饭果，古人相信，青精可以益肾固精，强筋明目，总之，青精是被当作保健品用的，葛长庚在《贺新郎》中说“神仙风骨”，“公自有，青精饭”。青精饭常常与旷达、出世、高僧相联系，“经翻贝叶相腾瑞，饭熟青精味胜麻”（周震《祇园寺》），“何时共约参寥子，自撷青菁作饭材”（秦观《寄钱节》），“与君同勘丹经诀，长饭青精养谷神”（舒岳祥《自和前韵答达善》），“饱餐青精饭，细读黄石编”（白玉蟾《长歌行》），在处境艰难、抑郁难伸的时候，与僧人一道读经、吃青精饭，往往茅塞顿开，“我生遍参未究竟，布袜青鞋走林谷。师言子归有余师，留饭青精盘苜蓿”（陈天麟《赠水西寺举老》）。与情投意合的好友“相邀饭青精”（晁补之《次韵彦远相州道中二首》），是人生一大乐事。如果老友重逢，有青精饭和溪边的香芹，再加饭后一杯茶，那简直可以忘怀功名，“青精饭熟思留客，碧涧芹香可厌君。睡起茶瓯风两腋，功名何啻等浮云”（李弥逊《复用前韵》其五）。若是人生失意，不能建功立业，“午窗一钵青精饭，拣得香薪手自炊”（陆游《有所怀》），也不失为一种自我安慰。

清苦的生活，常常因为乐观的诗人诗意化的表达而受人推崇。章采的《秋日过清江傅聘君石溪隐居》描述：“山衣犹芰制，野饭只菰粱。”艾性夫在《病中闻雁有感》中云：“口腹累人菰米饭，弟兄何处荻花滩。”这两首诗中的“菰粱”和“菰米饭”，历史上曾有稻、黍、稷、粱、麦、菰这“六谷”的说法。菰米饭，香味扑鼻，软糯可口，但是菰米的产量不高，历代农民在培植中有意选择，让菰成为一种水生蔬菜，时至今日，菰米已经逐渐淡出人们的视野，只能在古诗词中回味了。

陆游一直没有忘怀成都的美食，念念不忘曾经的“流匙抄薏饭”（《思蜀》），薏饭就是薏米饭，现在的做法是将浸泡过的薏苡仁与粳米、香菇一同入锅，加入适量的鲜汤和清水，与调料同煮，如果饭将熟时加入虾仁，撒入焯过的青豆，稍稍焖一会儿，香糯的薏饭就格外可口。白玉蟾的《北山》说：“草荻饭了从容睡，门外通衢无古今。”这里的“荻”又叫软荻、清明菜，学名鼠曲草，叶子柔而软，撕开有丝。诗人是用软荻煮饭，类似于青精饭。现代人的吃法，是把软荻洗净，舂捣成糊状，与糯米粉搅拌均匀，做成粑，或者包馅儿，烤或者煎熟。这种食物叫软荻粑或软曲粑，色浅绿，又香又软。艾性夫有诗云“扫花归作饭”（《追和晦庵先生十梅韵》），说的是一种意境；白玉蟾说：“道人惯吃胡麻饭”（《胡子嬴庵中偶题》），代表对逍遥自在的“神仙”生活的向往；晁说之的“布裘菜饭久忘言，粝食粗衣过上元”（《寄李辅之》）说的是菜饭；刘子翚的“晨钟屡趁伊蒲饭”（《有酒》）说的是素饭；方一夔的“烧麦旋教供野饭”（《初夏杂兴四首》）和邵定翁的“麦饭熟，儿莫哭”（《麦饭熟》）提到的是麦饭；石介的“山饭半瓯橡子熟”（《留题敏夫隐君》）是讲橡子杂粮饭；还有更多的诗人写的“黄黍饭”，则是他们常年饭食的真实一面。

救苦救难救众生的粥

在漫长的中国饮食史上，粥，是要荣膺主角的。在很长一段时间里，很多中国人一直保持一天吃两顿粥的习惯，直到如今，还有许多人要是连续几天没吃粥，就感觉过的不是自己的日子了。苏轼曾说，有一次夜谈，聊得肚子饿了，朋友吴子野劝说他吃白粥当消夜，理由是半夜吃粥便于消除宿食，能养护心脏肠胃，吴子野还用僧人五更吃粥作为理论依据。苏轼听从建议，吃了一碗白粥，觉得粥的味道特别可口。吃完粥，睡得安稳，感觉通体舒泰，简直妙不可言。陆游的《食粥》也把吃粥当成养生仙方：

世人个个学长年，不悟长年在目前。
我得宛丘平易法，只将食粥致神仙。

“宛丘”就是张耒。南宋费衮的《梁溪漫志》载有张耒的《粥记赠潘郊老》一文，文中说，每天早晨起床后，就吃一大碗粥。因为一夜过来，肚子空空的，消化功能似乎还没有完全清醒，粥，作为一天当中的第一顿饭食，温柔细腻，最适合肠胃，又提供了足够的能量，所以说早晨吃粥是最好的饮食之道。佛门特别推崇早饭吃粥，认为粥有五利，即善除饥、除渴、消宿食、调适排泄、除风患。有一位高僧妙齐和尚说，山里的僧人，每天都是起床之后一碗粥，这件事最要紧，要是哪天没吃，就觉得一整天人都干渴得不行，大概是因为粥能使得胃气顺畅，能使人滋润。粥，给诗人提供了饱暖，还成为诗词创作的灵感之源。

有人说，古代人有仪式感，心思都放在怎么吃上面了，就是一碗粥，不同的节令，也能鼓捣出不一样的名堂来。

是的。

根据晋人陆翙的《邺中记》和北魏的《齐民要术》记载，将麦仁和杏仁用温水泡一夜，第二天将泡好的杏仁去皮，麦仁、杏仁用石臼捣碎成浆，浓浆倒入锅中，和粳米一起中火熬煮，熬到浓稠时，加入适量的麦芽糖调味，这就是诗词中常提到的“饧粥”“杏粥”。正如蒲寿宬的《寒食有感》云：“杏粥因怀旧，榆羹岂为春。”而晁说之的《寒食书事》中说：“杏粥榆羹浑不见，蓬池春色梦中看”。史达祖的《清明》其二说：“榆羹杏粥谁能办，自采庭前荠菜花”，则是生发感慨，因为远离家乡，不能和家人一起过寒食节，因此喝不上一碗杏仁粥；不是嘴馋了，而是思乡。下面的几首诗中提到的“饧粥”，也就是杏粥。至少是唐代以前寒食节的食物，后来寒食、清明两节相连，杏粥、饧粥有时也就用来指代清明节。春天里，程公许的《题花十绝句》云“饧粥催人归供节”，应该赶紧回到老家过清明节了；也有人在旅途中过清明节的，如宋祁的《途次清明》：“漠漠轻花着早桐，客瓯饧粥对禺中”；方岳的《杨柳枝》云：“粥香饧白清明近，斗挽柔条插画檐。”这个时候，柳丝吐绿，布谷催耕，家家户户在门前屋后插柳条，迎接春天的到来，寄托对已故亲人的思念。吴则礼的《二月二十九日作》云：

屋头澜翻闻布谷，惊怪儿童问饧粥。
争向衡门插柳条，要遣老子知炊熟。

当老爸的有点迟钝，明明已经看到碧浪翻滚，听到布谷声声，听到孩子问“饧粥好了没有”，居然还反应不过来清明节到了。孩子们好忙啊，争先恐后要到茅舍前前后后遍插柳条，打发老爸：去看看，粥熬得怎么样了啊？好一幅早春儿童插柳图，还弥散着饧粥的甜香。

宋代诗词中出场频率比较高的还有“豆粥”。诗人们写的“豆粥”有两种含义，一种是“腊八粥”，还有一种就是用豆子煮成的粥。提到豆粥必会引用两个典故，一个是《后汉书·冯异传》记载的，冯异跟随汉光武帝刘秀出征，天气非常寒冷，众人又饿又累，冯异送来了豆粥，第二天光武帝告诉部下说，昨天的豆粥，吃过之后，肚子饱了，身上也暖和了。如苏轼的《豆粥》云："君不见呼沱流澌车折轴，公孙仓皇奉豆粥。"还有一个典故是《晋书·石崇传》记载的，众所周知，熬豆粥，豆子是需要事先浸泡的。但富豪石崇在招待客人时，却能让厨师须臾间端上热腾腾的豆粥，而且寒冬腊月，滴水成冰的日子里，石崇家还能吃到碧绿的"韭萍齑"。另一个富豪王恺十分嫉妒，花重金买通了石崇家的厨子，套到了豆粥和韭萍齑的秘方。原来，豆粥是将事先准备好的豆粉撒到粥里面，"韭萍齑"是将韭菜根捣碎，再和麦苗掺在一起。后来石崇发觉"泄密"，竟然杀了厨子。苏轼的《次韵致政张朝奉仍招晚饮》中"萍齑与豆粥，亦可成咄嗟"，《豆粥》的诗句"萍齑豆粥不传法，咄嗟而办石季伦"用的都是这个典故。

寒冷的日子里，豆粥可以提供更多能量，抵御饥饿与寒冷。和朋友一起喝的豆粥，味道当然是特别好。黄庭坚的《答李任道谢分豆粥》云："豆粥能驱晚瘴寒，与公同味更同餐。"苏轼的《豆粥》描绘道：

地碓舂粳光似玉，沙瓶煮豆软如酥。

……

卧听鸡鸣粥熟时，蓬头曳履君家去。

头发来不及梳，甚至连鞋跟都没来得及拔上，就这样跑到隔壁朋友家去了，是鸡啼叫醒了他？应该是粥香把苏轼从被窝里拽出来了。刚刚舂掉谷皮的米，加上煮得酥烂的豆子，这样的粥香是可以让人忘形的。陆游的《杂赋》云：

地炉夜热麻秸暖，瓦䴵晨烹豆粥香。
不是有心轻富贵，从来吾亦爱吾乡。

简陋的屋舍里，用麻秆点燃地炉，用瓦罐熬的豆粥喷香扑鼻，这种时候觉得自己的生活好富足啊，不用羡慕富豪了，更加觉得自己的家乡好！

粥的味道好，可是像陆游这样的贫寒书生，和农民一样，并不是常年都能吃上白米粥的。陆游在《自咏》中说："家人争稗粥"，就是指野稗子煮的粥。在青黄不接的时候，若是风调雨顺，百姓就有了希望，这个时候就是吃糠咽菜，心里也是快乐的。王炎的《麦苗已有生意掘乌禾糯者未止》云：

儿童饭犊女采桑，水满东皋耕事忙。
稻秧半绿麦半黄，天许食新饘粥香。
田父咨嗟仍笑语，赤地一年今得雨。
紫虆有根妻子喜，免填沟壑弃闾里。

田野里到处都是忙碌的身影，孩子忙着放牧小牛犊，女人忙着采摘桑叶，男人忙着灌溉，忙着满地里找可以充饥的野稗草。农民们长吁短叹，不过脸上有了笑意：去年干旱了一整年，如今终于下了一场透雨了！好在还能挖到紫蕨根可以糊口，妻子儿女有口吃的，不至于饿死；放眼看去，刚插下的早稻秧透出了绿意，麦子开始微微泛黄了，老天爷终于让我们吃上了新麦，老百姓似乎都能闻到粥的香味了，对，就是煮得厚厚的、浓稠的粥，香！

在古代，特别是在已经掌握了磨面技术，能把面粉做成各种精致饭食的宋代，吃麦粒儿做成的粥饭，是贫穷的象征。可是，不同的心态，吃到嘴里的味道就不一样了。苏轼在《过汤阴市得豌豆大麦粥示三儿子》中这样写道："逆旅唱晨粥，行庖得时珍。青斑照匕箸，脆响鸣牙龈。"漂泊的旅途中，一碗"野人农夫之食"，他看成是时鲜珍品，吃得津津有味。

在清寒的日子里，睿智的人总能找到快乐的源头。吃粥，也能吃出情趣来，比如杨万里。他的《落梅有叹》云：

才看腊后得春饶，愁见风前作雪飘。
脱蕊收将熬粥吃，落英仍好当香烧。

花落本是伤心景，因此诗人说"愁"。可是瞬间他就不再伤感了：飘飞的花瓣收起来可以熬粥，落下来的，可以当成香来烧。喝着梅花粥，闻着梅花香，这份诱人，是不是引得读者想要穿越到这画面里去啊？

来一碗有文化的盖浇面

面条，古代人叫“汤饼”。关于汤饼，最著名的典故当属《世说新语·容止》中记载的一个故事：魏明帝曹叡怀疑名士何晏化了妆、敷了粉，因为何晏太帅了，尤其是皮肤白得太不真实。曹叡辨别真伪的测试很刁钻，大夏天给了帅哥一碗热汤面吃，一碗面条下肚，帅哥大汗淋漓，尴尬极了，悄悄撩起衣服擦汗。要是真敷了粉，这会儿，妆容肯定花了。可是再看帅哥，擦干了汗的脸，皮肤更加白皙粉嫩了。

宋代诗人，没有谁把面条当成测试工具。面条，肯定是用来填饱肚子的。不仅是自己吃面，还有人想到用面条精心侍奉双亲，赵密夫的《三脆面》云：

笋蕈初萌杞采纤，燃松自煮供亲严。

人间玉食何曾鄙，自是山林滋味甜。

点燃松柴，煮一碗面条；刚刚钻出地面的嫩笋，刚刚萌发的枸杞头，刚刚冒头的小小蕈，采摘来放在盐汤里焯一下，洒少许胡椒粉、盐，淋几滴麻油、酱油、醋，拌匀，作为浇头盖在面条上，给父母亲端上去，让老人家尝尝鲜脆可口的山林滋味。不是因此就要鄙视人世间那些尊贵的饭食，山间林下的时鲜野菜自有别样的味道。松柴火旺，旺火煮的面筋道，旺火焯的菜不失原来的鲜嫩，更何况是那么新鲜的三样时鲜，它们是多么鲜爽可口。吃惯了都市里的精致饮食，偶尔换换口味，尝一尝山里人的饭；尝尝这炊烟也香的柴火饭，直接从泥土里采摘的山林野菜，这是多么接地气的享受啊！把这面条称为“三脆面”，恰如其分。

有人把能吃上面条当成是幸福的象征。陆游的《野兴》云：

> 残水涓涓入野塘，菊花犹放数枝黄。
> 闷思野步便晴日，病怯冬温喜薄霜。
> 汤饼煮成新兔美，脍齑捣罢绿橙香。
> 人间富贵知何得？商略山林却味长。

虽然已经入冬，可是小池塘还有涓涓细流汇入，萧索的田野上还能看到稀疏的菊花兀自开放。烦闷了到野外走走，天气也还晴朗；病弱的身体不喜欢冬天这么暖和，反倒喜欢有一点薄薄的白霜。刚煮好的面片像是兔子的长耳朵，捣得细细的肉末带着新鲜橙子的香味，色香美俱全。人世间的富贵怎样才能得到？

财富易得也易散，不如这山林间的味道能够长长久久。

一碗可口的面条，可以消解奔波的艰辛。黄庭坚的《过土山寨》云：

> 南风日日纵篙撑，时喜北风将我行。
> 汤饼一杯银线乱，蒌蒿数箸玉簪横。

诗人是往南走，因此，天天刮南风，航船就是逆水而行，天天都要费力撑篙；偶尔刮起北风，那就让人很开心，顺风走，航船就很轻快。在这样的日子里，一碗细细的银丝面，面条上头的蒌蒿像玉簪一样横放；一口顺滑的面条，一口爽脆的浇头菜。端起碗来，看到洁白的细面条想起了银线，看到盖在面条上的蒌蒿想起了玉簪，想到了女人常用的物件；其实，诗人是想家了啊。

杨万里的《梳头看可正平诗有“寄养直时未祝发”等篇》也称赞面条，不过，原因却和黄庭坚大不相同：

> 老子平生汤饼肠，客间汤饼亦何尝。
> 怪来今晚加餐饭，一味庐山笋蕨香。

看起来杨万里是特别喜欢吃面条，简直就是生就一副专门消化面条的肠胃，就是远离老家，在他乡也没少吃面条啊。可是今天晚上胃口特别好，难怪呢，应时新鲜的庐山嫩笋和蕨菜，鲜香开胃！而且，是他家乡的应时菜。面条好吃不好吃，看来还得看佐餐的菜蔬味道怎样。

面条的配菜，冬天也有。姜特立的《菘苣初冬稍茂喜而有作》云：

紫苣生春荑，助我作汤饼。
黄菘养土膏，冰壶添隽永。
凡物贵适口，何必须九鼎。
况我藜藿肠，万钱惭食顷。

紫包菜长出了嫩叶，为我的面条加了菜；肥肥嫩嫩的黄芽菜，腌过之后更加酸爽可口，用来下面条，那真是耐人寻味。凡是吃的，只要合口味，那就是珍馐，不一定非要多么昂贵的食材，多么讲究的排场。何况我们这样吃惯了粗茶淡饭的肠胃，也实在承受不起一口就值万钱的佳肴。

诗人这里提到的“冰壶”，在《山家清供》里还有个故事。宋朝的第二任皇帝宋太宗赵光义，吃遍了天下美食，大约是想换换口味了，有一天问大臣苏易简：“食物当中称得上珍贵的，哪个数第一？”苏易简回复说：“食物没有固定不变的味道，适合自己口味的，就是最珍贵的。我自己认为是腌菜汁的味道最好。”宋太宗笑问：“怎么会是这个东西味道最珍贵？”苏易简说：“有一天夜里，天气特别冷，我守着火炉把酒温热了喝，不知不觉喝得大醉，裹着厚厚的被子睡着了。睡着睡着忽然醒了，口渴极了，就着月光走到院子里，看到雪地里露出来倒扣的腌菜瓦盆。来不及叫醒童仆，就用雪擦了擦手，喝了满盆的腌菜汁。臣子当时觉得，就是天上的神厨，用鸾鸟和凤凰做成菜肴，味道也赶不上腌菜汁。几次都想写一篇《冰壶先生传》把这件事记下来，还没有捞到时间写。”宋太宗听得笑了起来。后来，很多诗人都用“冰壶”或“冰壶珍”来代指腌菜汁。这腌菜汁，就是我们熟悉的泡菜水，泡菜水之所以成了史上最珍贵的食品，是因为酒醉之人必定燥热，雪地里冰凉凉、酸溜溜的泡菜水，对于嗓子几乎要冒烟的人，那是最适宜的。虽然有些人认为这不够健康，但其实，直到如今，人们还是很喜欢腌菜汁的味道，“老坛酸菜”很能勾起人们的食欲呢。

盖浇面，不仅能充饥，更能医治“馋病”。朱敦儒在《朝中措》中说：

> 先生馋病老难医。赤米餍晨炊。自种畦中白菜，腌成饔里黄虀。
>
> 肥葱细点，香油慢焰，汤饼如丝。早晚一杯无害，神仙九转休痴。

食欲好，向往美食，就是到老，也不能少了这样的享受。早饭喝了糙米粥，中午来点什么才能治得了馋虫呢？从坛子里捞出一把自己种、自己腌的酸菜，切成细细的丝；再到地里拔一棵肥嫩的葱，也切成细细的葱花儿；银丝一般的面条用大火煮开，再用小火焖上一小会儿，捞在碗里；再将锅烧热，倒少许油，爆葱花儿，把葱花儿盖在面条上；再爆炒酸菜丝，也盖到面条上；把菜和面条拌匀了，真是绝妙好滋味呀！一早一晚天天吃也吃不厌，就连神仙尝了这黄齑面，他也找不到北了呀。杨万里、陆游经常把黄齑面当作早餐，吃完心满意足，心情十分美好。

盖浇面若是有荤，那更是叫人欲罢不能。陆游的《早饭后戏作》云：

> 汤饼满盂肥羜香，更留余地著黄粱。
> 解衣摩腹西窗下，莫怪人嘲作饭囊。

这顿饭真够丰盛：有满盆的面条，还有羊肉的香味飘散在饭桌上。有肉、有面，还有米饭，诗人都吃撑了，吃热了，在窗户下解开衣服按摩肚子。这情景，就别怪人家笑话自己是饭袋了。不说面条和饭菜的味道，只说自己吃得肚子滚圆，面条的美味，也是可想而知了。

吃面条，如果没有什么菜可以做“浇头”，那也没有关系，只要有一把葱，清汤面照样好味道。苏轼的《和参寥见寄》云：“一杯汤饼泼油葱。”面条出锅后，烧热锅倒点油，爆个葱花，淋在面条上；或者是在面条即将出锅时撒一把葱花，盛在碗里淋几滴香油，这种味道，是生活的真滋味。陈造念念不忘“芼葱汤饼聊堪饱，出瓮春醪半带浑”（《劳农净居赠皎启二僧》）；陈文蔚说：“碧玉岩边瀹汤饼，全胜五鼎击肥鲜”（《又和胡应祥游石井韵》），诗僧释道举《丹丘道中寄钱大资二首》也说“向来汤饼泼油葱，思旧所怀惟此翁”。多少贫寒的君子，与朋友一起吃过这样的清汤面条，回想起来，依然余味无穷。

对于衣食不足的人来说，一碗热汤面，就是最温暖的关怀。《初学记》卷二六引晋束皙《饼赋》说：“玄冬猛寒，清晨之会，涕冻鼻中，霜凝口外，充虚解战，汤饼为最。”热腾腾的汤面，把内外的寒气全都驱散了，这是贫寒人家最现实的享受。

注满生活情趣的糕

糕，用米粉或面粉掺和其他材料蒸制或烘烤而成。最早的时候，“糕”不叫“糕”，“糕”的雏形是春秋战国时期的“糗饵粉团”。糗，原意是指饭或面食连成块状或者糊状，后来当名词用的时候，“糗”指的是干粮。“饵”，《礼记·内则》的说法是将两份稻米和一份肉合起来煎，这很像是现代的馅饼或者夹了馅料的糕。现在云南还有一种食物叫“饵块”，是将大米淘洗、浸泡之后蒸熟，然后舂捣，做成各种形状。其实类似这样的食物其他地方也有，叫“打糕”或者“年糕”，也有的地方叫“糍粑”“粑粑”。“粉团”到了今天，“赴汤蹈火”直奔餐桌：里面包上馅儿，放在水里煮熟的，叫“元宵”“汤圆”或者“汤团”；外面裹上芝麻，放在油锅里炸的，叫“麻团”。汉代时，糕的种类就不少了，隋唐时更加丰富，到宋代时，种类更加繁多，数得出名号的就有二三十种。

宋代人会享受生活，重阳节当然不能例外，必定是亲友相聚，必定要吃吃喝喝。吃喝要有格调，于是，重阳节的组合套餐里糕、菊、酒缺一不可。吃糕，佩戴茱萸、饮茱萸酒，看菊花、喝菊花茶、饮菊花酒。如崔鷗《和吕居仁九日诗》所云："买糕沽酒作重阳。"

宋代的重阳节是个大节，据《东京梦华录》记载，酒家用菊花捆扎装饰成一个个门洞，商家早早准备了各色菊花供人们观赏，有黄花白蕊，形状有点像莲蓬头的"万龄菊"，有大朵纯白的"喜容菊"，等等。人们在重阳节前一两天就互相赠送重阳糕。这种场面深深烙进人们的记忆，如果不能在家过节，从前互相送糕的画面，就在脑海里挥之不去，如方回所咏："邻人送糕果，遥忆小儿孙。"（《丙申重九前后得今日都无病一句成十首》）

从古到今，糕，总是夹带着文化的含义，所以，吃糕，就不仅仅是充饥填肚子。宋代重阳糕，做起来很费心思。《东京梦华录》和《武林旧事》记载的重阳糕，有点像现在的比萨，又有点像现在的"创意"蛋糕。《岁时广记》引《皇朝岁时杂记》记载，民间做糕，糕面上放几只小鹿，称之为"食禄糕"；朝廷官员食堂供应的重阳糕，糕面上还立着小象，称之为"万象糕"。有的糕面上嵌着石榴子、栗黄、银杏仁、松子仁；有的用米粉做成狮子与蛮王的形状，放在糕面上；有的用糖面蒸糕，糕面上点缀着切得细细的猪肉丝、鸭肉丝；有的糕面上缀着小小的橙子、小小的石榴等形状的蔗糖，取名为"春兰秋菊"……总之，吃糕还要讨个口彩。最经典的，是重阳糕上放置狮子与蛮王的组合形象：放一只用米或面粉捏出的狮子，再放一个身穿胡装的异国君主蛮王，组成这位蛮王正在训狮或者牵狮而行的状态，这样的重阳糕，简直就是一个艺术模型。当然，各种各样的重阳糕上，无一例外都要插上小彩旗。这重阳糕，看着就很美呀！

重阳糕的名称很多，有“棘糕”，项安世有一首诗，题名《重九以棘糕饷孙司户》，这应该是酸枣糕或者是枣糕；比较普及的有“菊糕”，如仇远的《九日客中》中说：“菊糕萸蟹年年有”，魏了翁的《贺新郎》句：“糕诗酒帽茱萸席”，王迈的《南歌子》中说：“因感秋英，饷我菊花糕”。陆游的《壬子九日登山小酌》中的重阳糕，又是一番景象。诗云：

老怀多感惊佳节，病骨宜寒喜薄霜。
玉脍畲中橙尚绿，彩猫糕上菊初黄。
几年虚负登高兴，何许重寻落帽狂？
浅酌易醒归薄暮，又成支枕独焚香。

几年了，一直辜负了登高的兴致，这一年的农历九月九日，多病的陆游终于踏着寒凉的薄霜，爬山，登高，去捡拾遗落了多年的狂欢游兴。在山顶，与朋友一道小酌。主菜是像玉一样通明剔透、薄薄的生鱼片，用刚刚摘下的橙子捣成淡绿色橙泥来调味。节日必备的花糕，糕面上的装饰竟然是一只彩色花猫！糕面上还装饰着刚刚绽放的野菊花。大家喝得不多，很快就醒酒了，傍晚时分各自回家。在往后的日子里，当独自靠着枕头，对着一炷香，看着一缕青烟悠悠升腾时，这远眺赏秋、聚饮欢酌的一幕，将会在脑海重现，曾经留在唇边齿间的鲜美滋味，也将一次又一次地回味。

糕，不仅仅是重阳节的主角之一，在其他节日也常常友情主演。在有些地方，祭祀社神的时候，供品中也必须有糕。周弼的《丰年行》，描绘了丰收之年生活富足的情形之后，写到农民祭拜神灵、祭祀祖先："庙前擘纸青竹爆，饧糕粉鱼夜祠灶。"赵汝绩在《姚江道中》也有"漉酒蒸糕馈岁时，纷纷儿女换新衣"。有了糕，就有了过节的气氛，有了世俗的温暖。"软暖炉星火，新香甑雪糕"（舒岳祥《除夕》），如果离乡背井，人在旅途，"异乡今日社，寂寞食无糕"（晁说之《海陵社日》），餐桌上少了糕，就没有过节的仪式感，少了一份情趣，多了一份愁思。

"糕"谐音"高"，意义丰富。比如，重阳节，按理应该登高，可是，九月九日这一天，也不是人人都能登高的，于是，聪明的古人想出了代替的办法：用吃糕来代替登高。而在其他重要的日子吃糕，是取"步步高升"的意思。

回归食物本色的糕，在宋代普通民众的生活里，也是不常吃得到的。晚年时归隐乡间的陆游有《村居书事》云：

> 矮瓶煮粥犹难继，小甑蒸糕岂解常。
> 偶得盐醯便豪侈，晨餐满舍野蔬香。

陆游的村居生活，常常是缺衣少食，饥寒交迫。在连粥都不能喝饱、没有油盐的日子里，他想起了甑糕。“甑”原是我国陶器时代发明的一种炊具，圆形，底部有许多透气的小孔，放在架子上可以蒸食物，相当于现代的蒸锅。甑糕，是将大米粉放在这样的笼屉里蒸熟，如果趁热黏上果料、白糖、芝麻，吃起来就更松软甜香。

进入诗人视野的糕，还有一个品种，如晁说之的《张平叔家丝糕》描绘的：“君家丝糕何处丝，三月晴天荡漾时。茧头越女缫不得，却烦素手与晨炊。”这种糕，外表光光滑滑，掰开来，里面却似乎有丝丝缕缕牵连着，分明像个巨型的蚕茧，巧手的越地姑娘却不能缫出蚕丝来的，这是纤纤素手做成的早餐！所谓丝糕，是玉米面、小米面再掺入少量的白面，经过发酵，上笼屉蒸熟，掰开可见里面有蜂窝状的小孔，吃起来松软可口，相当于现在的发糕。陈造的《谢韩干送丝糕》就比较详细地介绍了制作方法：“玉颗莹澈珠就磋，吴乡早粳莫计过”，用上好的米粉；“君家厨妇穷百技，三春九淅付重罗”，将米粉研磨之后再筛过，然后用精细的米粉做糕；“倒甑入箸第三绝，色香兼味皆可歌”，味道好极了！传说有个小媳妇搅拌糕粉时，不小心碰翻了旁边的一碗酒糟，酒糟都翻进了糕粉里。小媳妇舍不得把糕粉倒掉，又担心受到责骂，不敢声张，就把酒糟和糕粉拌匀，放进了蒸笼。没想到这一笼糕特别松软，吃起来还有一股淡淡的酒香。从这个传说可知，“丝糕”与别的糕最大的区别，就是经过了发酵。方岳有《餐雪辘轳体》一诗说自己喝多了酒，异常干渴，似乎喝干了大海都不够，但是直接吃雪嚼冰，那效果简直奇绝。捧起白雪立刻又联想起丝糕“柘浆滴处丝糕紫”，若在白雪上浇一点糖汁，就像是浇了糖汁的丝糕！这个比喻非常形象直观。

陆游还提起过一种麦糕，“孤灯听雨常终夜，一榼寻花又送春。旋压麦糕邀父老，时分菜把饷比邻”（《排闷》）。麦糕，初夏时节，用新收的早麦面做成，外形与制作方法都与馒头相似。先把酵母与面粉拌匀，加适量水稍加揉和，静置一两个小时，再揉搓，再静置，再揉，再醒面；当面块颜色由深变浅，体积明显膨胀，醒面就完成了。这时可以上锅蒸，用手指按压一下，麦糕如果迅速弹起，就算蒸好了。白麦糕的口味与馒头非常相似，如果添加艾草就做成青麦糕，添加红糖就做成糖麦糕，口味酥软，清香甜美。

不是只有咸味的豉

豉，就是豆豉。这个“豉”字，一不小心会被看成“鼓”字，可是鼓是皮做的，豉的原料是大豆，豆豉跟“皮”可没有什么关系。东汉经学家许慎《说文解字》卷七说：“豉，俗敊从豆。”明确告诉我们，豉，就是用大豆发酵而成的。汉末训诂学家刘熙《释名·释饮食》云：“豉，嗜也，五味调和须之而成，乃可甘嗜也。故齐人谓豉声如嗜也。”因为齐人“嗜”的发音与“豉”相同，大家都这么说，大豆发酵成的这种食物就约定俗成被称为“豉”。古时候的齐鲁两国，一墙之隔，方言基本相同，因为鲁地出产的豆豉名气大，“鲁豉”就成了当时的大品牌，成了夸耀的代名词。直到如今，“鲁豉”依然颇负盛名，在传承传统制作技艺的基础上，人们用大黑豆、茄子、鲜姜、杏仁、紫苏叶、鲜花椒、香油、白酒等八种原料酿制的豆豉，依然令人垂涎。

东汉许慎《说文解字》记载：“豉，配盐幽菽也。”北魏的

《齐民要术》有“作豉法”:“先做暖荫屋,坎地深三二尺。”做豆豉,环境必须温暖、避光,这样才能保证大豆发酵,使大豆蛋白质分解成氨基酸。豆豉酵香浓郁的美味也是这么来的,这也就是所谓的“幽菽”。宋代周密的《齐东野语·配盐幽菽》记载,有一个江西士子,求见杨万里,以为自己无所不知,扬扬得意。过了几天,杨万里让人给他捎了张纸条,纸条上说:听说你是从江西来的,我跟你要一点“配盐幽菽”。这个士子茫然,完全不知道杨万里要的是什么,只好到杨万里跟前致歉。杨万里慢悠悠地找出《礼部韵略》,指着“豉”字一条给士子看,上面的注解分明写着“配盐幽菽也。”

豆豉的主要功能,是用来调味。古时候,豆豉是效果最好的复合调味品。“点酒下盐豉,缕橙芼姜葱”(苏轼《元修菜》),陈师道《杂题》云:“味得莼尤滑,香因豉更便。”顺滑的莼丝因为有了豆豉,鲜美的滋味又平添了鲜香。陆游的《村居初夏》云:“梅青巧配吴盐白,笋美偏宜蜀豉香。”青青的梅子洒上雪白的盐,鲜嫩的竹笋加上蜀地的豆豉,香了刚刚开始的夏天。

有了豆豉,清寒的生活就有了令人留恋的滋味。陆游在《春晚》中说:“下豉已添莼菜美,衔泥又见燕巢新。”桌上的莼菜因为添加了豆豉而美味,再一抬头,看到燕子衔泥正在屋梁上做窝,顿时觉得生活有生机,有活力,有希望。陆游的另一首《春游至樊江戏示坐客》云:

江头萧萧春色暮，柳阴游鱼饱飞絮。
芼羹箭笋美如玉，点豉丝莼滑萦箸。
银鞍乌帽寻春客，朱户青旗沽酒处。
浮生细看才几时，一笑自应忘百虑。
绿杯到手不肯尽，宝带照地身何与。
酴醾烂熳我欲狂，茗芋还家君勿遽。

春天将要结束的时候，作为文人，不是要伤春的吗？不是要悲悲切切、偷洒痛泪的吗？哦，不，象征着春天结束的柳絮，也全然没有给人带来悲情，而是让树荫下游来游去的鱼儿吃饱了肚子。在这样如画的风景面前，有野菜羹，有嫩笋，有点了豆豉的莼菜，禁不住开颜一笑。一笑之间，忘却了种种烦恼！品尝佳肴，喝点儿小酒，不知不觉大醉忘形，我这是在哪儿？嗨，别急着回家呀，酒足饭饱，喝点茶再走哇！

生活的滋味，是豉带来的；这种有滋有味的生活，一而再，再而三激发了诗兴。陆游唱道：

菜把青青间药苗，豉香盐白自烹调。
须臾彻案呼茶碗，盘箸何曾觉寂寥？（《种菜》）

门巷桑麻暗，庖厨笋豉香。（《村舍》）

陆游还亲自下厨，做出了一桌子好菜：

> 今日山翁自治厨，嘉殽不似出贫居。
> 白鹅炙美加椒后，锦雉羹香下豉初。
> 箭茁脆甘欺雪菌，蕨芽珍嫩压春蔬。
> 平生责望天公浅，扪腹便便已有余。（《饭罢戏示邻曲》）

这桌菜，有椒盐烤鹅，有蘑菇笋片，有清炒蕨牙，还有豉香野鸡羹，饭后摩挲着撑得饱饱的肚子，忽然觉得平常责怪老天爷是多么不应该。

《释名》云：“豉，嗜也，五味调和须之而成，乃可甘嗜也。”甘，甘愿、情愿，甘嗜，人人都愿意吃“豉”。古代的人们将豉用于调味，并且认为是佳品，因为它不只是单一的咸，还有鲜，还有香，对于菜肴的味道，具有“五味调和须之而成”的效果，有着画龙点睛的作用。只要加入豆豉或豉汁，一搅一拌之间，便咸、甜、香、鲜、酸“五味调和”。而且，豉，既能雪中送炭，如“一杯尝豉煎，寒影对崚嶒”（陆游《癸丑上元三夕皆大雨雪》），没有菜吃的寒冬里，豉作为主菜，给贫寒人家的粗茶淡饭增添一点滋味；又能锦上添花，给美味佳肴提味，如“班鲈斫脍红缕鲜，紫豉煮莼香味全”（梅尧臣《邵郎中姑苏园亭》），再如邵迎佳句所赞的“盐豉调羹金液腻，橙齑荐鲙玉丝肥”。

作为生活必需品，有人自己吃了豆豉觉得好，或者觉得朋友需要，就把看起来普通的豆豉当成礼物馈赠给朋友。如苏辙《次韵子瞻过淮见寄兼简孙奕职方三首》中说：“红印封咸豉”；王洋《以豆豉送谹父》说：“莼丝煮菜无消息，盐豉聊供旧使君”，《以假鲎豆豉送郑顾道》云：“黄岩贡篚鱼俎赤，浮玉僧盘豆酱寒”。吴可《友人惠笋豉》云：“野税那知笋豉香，伊蒲淡泊喜初尝。”收到这样的礼物，能够深深领会友人的体贴，觉得分外暖心。

豆豉不仅能为烹饪调味，还能做下酒菜。苏轼的《次韵刘焘抚勾蜜渍荔支》中说：“每怜莼菜下盐豉，肯与葡萄压酒浆。”周密的《武林旧事》和孟元老的《东京梦华录》都记载，临安市上有一道名食叫“窝丝姜豉”。陈元靓在其《岁时广记·寒食上》中介绍了姜豉的做法，基本流程如下：“寒食煮豚肉并汁露顿，候其冻取之，谓之姜豉。”“以荐饼而食之，或剜以匕，或裁以刀，调以姜豉，故名焉。”猪肉洗净，沥干水分用糖和盐充分揉搓，腌渍三天；片成大片（皮不片开），加入葱段、姜块、陈皮、绍酒，清汤，上笼蒸烂；拣去葱段、姜块、陈皮不用，皮面向下捞在容器里，倒入滤过的汤汁，放在寒冷的地方凝冻，晶莹透明、红白相间的姜豉就做成了。吃的时候浇香醋、姜汁，加切得碎碎的香菜、韭黄搅拌，香嫩爽口，是佐酒佳肴。据传，唐代有个姓姜的吏部侍郎，目不识丁，却作威作福，民间有歌谣云：“今年选数恰相当，抑由坐主无文章，案后一腔冻猪肉，所以名为姜侍郎”，后来被讹传为“姜豉”，这个姜豉可真是大倒胃口。《东南纪闻》卷一记载，蔡京有一次在家里招待客人，叫库吏“取江西官员所送咸豉”十瓶做下酒菜，拿来一看，原来是“黄雀肫”。这一味“豉”又实在是太名贵了。

调出生活美滋味的齑

“齑”这个菜肴名很古老，先秦时期就有了。《周礼》“醢人”一条，郑玄注：“凡醯酱所和，细切为齑。”当时的名品叫“五齑”，用昌本（菖蒲根）、脾析（牛百叶）、蜃（大蛤）、豚柏（小猪肩胛肉）、深蒲（蒲齑或桑耳）细切腌渍而成。齑大多用蔬菜制作，也可以用动物原料制作。汉魏时期做齑，又有将原料捣碎再加调料拌和腌渍的方法。

宋代诗词中有很多描写、咏赞“齑”的佳作。写得最多的，是在严冬来临之前，为缺菜的冬季作准备的场景。“夏席堆青齑，冬盘饤旨蓄。”（梅尧臣《次韵答吴长文内翰遗石器八十八件》）天热的时候，吃青绿的新鲜蔬菜；到了冬天，咸齑就是宝贝了。有了咸齑，心里就踏实了，“雪瓮冰齑了岁除，停杯且听话迂疏”（方岳《除夜》）。陆游的《咸齑十韵》细致描写了腌咸齑的场面：

九月十月屋瓦霜，家人共畏畦蔬黄。

小罂大瓮盛涤濯，青菘绿韭谨蓄藏。
天气初寒手诀妙，吴盐正白山泉香。
挟书旁观稚子喜，洗刀竭作厨人忙。
园丁无事卧曝日，弃叶狼藉堆空廊。
泥为缄封糠作火，守护不敢非时尝。
人生各自有贵贱，百花开时促高宴。
刘伶病酲相如渴，长鱼大肉何由荐？
冻齑此际价千金，不数狐泉槐叶面。
摩挲便腹一欣然，作歌聊续冰壶传。

每年一到秋天，早一点的九月就开始，迟一点的到十月，屋面的瓦上就落霜了，这个时候，看到菜园子里蔬菜变黄，就会感到恐慌。赶紧找出小罐子大坛子，清洗干净，什么青菜啦、白菜啦、韭菜啦，都要小心收藏。小孩子夹着书在一边笑嘻嘻旁观，厨房里的人又是洗又是切，忙得不亦乐乎，种菜的园丁却斜躺着晒太阳，丢弃的菜叶子乱七八糟地堆在空空的走廊上。把菜紧紧塞进坛子里，用泥作封头，这样密封，空气进不去，腌菜才不会变质。坛子周围用砻糠捂着，保证腌菜正常发酵。腌的时间不够可不敢打开尝尝味道，时间不到，滋味不能保证啊！要多长时间？杨万里说的是“秋风一月酿得成”（《咏齑》）。到了冬天，这咸齑就是价值千金啊！有了咸齑，不再怀念春天的槐叶冷面，也不用再怨天怨地。香香甜甜吃饱了，可以摩挲着肚子唱一首“续冰壶传”。杨万里的《咏齑》描绘咸齑腌成的过程，与陆游诗里描述的相似。

咸齑面条，和现在的“雪菜肉丝面”很相似，那滋味，被诗人们赞了又赞。朱敦儒的《朝中措》云：“自种畦中白菜，腌成饔里黄齑。肥葱细点，香油慢焰，汤饼如丝。”糙米稀饭做早饭，哪里比得上咸菜下面条呢。黄齑是用自家种的白菜腌的，洒上肥嫩的葱花，滴几滴香油，细细的面条，这是怎样的享受啊！谁说面食有毒的？每天一早一晚能这样吃，那是给个神仙都不换的！陆游的《朝饥食齑面甚美戏作二首》其一，诗中说：“一杯齑馎饦，老子腹膨脝。”他吃的是咸齑面片汤，他没有渲染味道如何“美”，而是描绘了一幅画面：一个吃得肚子圆滚滚的老翁，心满意足地坐在茅屋檐下晒太阳。

咸齑，往往与“清寒”相连。自己吃咸齑，朋友来了，也只能“寒齑薄饭留佳客”（黄庭坚《世弼惠诗求舜泉辄欲以长安酥共泛一杯次韵戏答》）；正如刘克庄所说：“诳肠齑味美”（《追用南塘韵题尹刚中潜斋》），所以，不是有志者，“未肯朝暮甘盐齑”（韩维《和如晦游临淄园示元明》）。甘于这种生活，需要足够的定力，陆游的《病愈看镜》中云：“三百瓮齑消未尽，不知更著几年还？”他认定此生消费咸齑的总量是“三百瓮”，可见他是做足了耐受清贫的准备。有了这样豁达的心态，“齑汤蜜汁亦时中”（陆游《陈少监饷澄清堂酒》），又咸又酸的咸菜汁也好，蜂蜜水也好，君子都能不改初心。

其实，不带偏见细心体会，再用点心思加点作料，咸齑也不是那么难吃。陆游的《朝饥食齑面甚美戏作二首》其二云：

一杯齑馎饦，手自芼油葱。
天上苏陀供，悬知未易同。

咸菜切得细细的、碎碎的，面片汤里滴两滴油，撒一把葱花，那味道，简直就是天堂的珍馐了。

宋人诗中，齑用来作为吃鱼蟹的专用调料的篇目比较多。赵汝镃《避暑溪上》云："晚网得鱼似湖白，銮刀脍玉捣香齑。"这是网到了鲜鱼，马上用快刀切成鱼片，舂捣蘸鱼片的调料。陆游有一首《买鱼》云："斫脍捣齑香满屋"，重点不在"买鱼"，而在"吃鱼"；满屋的齑香穿透千年。陆游的另一首《过邻曲》云："吴俗相传尚鲙齑"，也是同样的享受。蛰居山阴，陆游与父老乡亲相处得特别融洽：

甲第潭潭莫羡渠，穷人从昔爱吾庐。
茆茨新洁嗟何欠，邻里追随故不疏。
瓮酱芬香盘早兔，臼齑珍酽脍寒鱼。
年丰日有携尊兴，家乘从今不一书。（《东邻筑舍与儿辈访之为小留》）

深秋时分，刚刚换过新草的茅屋干干净净的，用酿成的酱烧肥嫩的兔肉，刚从寒冷的水里打上来的鱼切成薄薄的鱼片，拌上捣碎的齑；有淳朴和同样生活贫寒的邻居，每天都想喝上一杯；过着这样的生活，再也不要羡慕那些宽宅大院啦！

新鲜的食材，加上精致的齑，确实是难得的口福。陆游的《对食戏咏》云：

> 一饱欣逢岁小穰，时凭野饷诳枯肠。
> 橙黄出臼金齑美，菰脆供盘玉片香。
> 客送轮囷霜后蟹，僧分磊落社前姜。
> 秋来幸是身强健，聊为佳时举一觞。

平常的日子里，都是野菜野草充塞肠胃，只有丰收的时候能够吃饱肚子。每到这个时候，有人送来肥硕的团脐螃蟹，也有僧人送来个头很大连在一起的生姜。舂成的金齑黄灿灿的，爽脆的菰菜装盘，像是鱼片一样玲珑剔透。再加上入秋以来身体一直很好，为了这样的好日子，值得干一杯！金齑，就是金黄色的调料，《齐民要术》里介绍，做金齑要用八种调料：蒜、盐、姜、白梅、橘皮、熟栗子、粳米饭、鱼肉，全都切成碎末，用醋调成糊状。金齑配玉脍，是一道传世名菜。陆游的“金齑”，显然没有那么多食材，金齑搭配的也只是菰菜，但是色香味都略略相似，尤其难得的是那一份愉快的心情。时鲜配橙齑，美味！

咸齑也不光是用白菜、青菜腌制，也可以用别的食材。杨万里《题张以道上舍寒绿轩》写的是用菊作齑："饥时作齑仍作羹，饱后龙凤同庖烹。"冬天的菊，根茎是紫色的，蛰伏在树根旁，春雷一响，一夜春雨，菊苗就像一片小森林一样冒出土来，小心翼翼摘下嫩头，放在滚水里略微焯一下就能吃，还带着泥土的清新气息。菊花一身都是宝贝，菊苗能吃，菊叶既能切得碎碎的做菜，也能做成菜羹，味道比什么鸡鸭鱼肉都鲜美；菊花能赏又能尝；杨万里还说菊花籽也能吃，真是把菊吃到极致了。

在热爱生活的人那里，生活丰富多彩，齑的种类也是丰富庞杂。有"韭萍齑"，正如陆游诗中的"豹胎日餍饫，萍齑却时供"（《对食》）；有杨万里说的菊齑；还有将齑做的汤。陆游的《病酒戏作》云："一杯苦荬齑，价直裟婆界。"大概是年岁大了，有些不胜酒力。因为秋天空气好风景美，心里一高兴喝了几杯，就醉得起不来了，黄昏喝的酒，第二天整整躺了一天还起不了床，头晕得感觉屋子要倒下来了。家人做了鸡和肉想给补补身体，可是看来看去，就是一口都不想尝。就在这个时候，一碗清苦的苦荬齑汤，救人于苦难之中啊！苦荬菜味苦性寒，药用可以清热解毒，散瘀消肿。把苦荬菜切碎煎汤，解除了陆游的病痛。似乎是所有的食材都能切得细碎做成齑，比如"笋齑"，杨万里的《晨炊杜迁市煮笋》中说笋"可齑可脍最可羹，绕齿蔌蔌冰雪声"，陆游的《孤寂》中说："数著笋齑甘淡薄"。莴苣亦可作齑："尝新白苣齑"（陆游《雨中作》），"苦荬腌齑美"（陆游《追凉小酌》)。总之，“薯蓣堪羹杞可齑”(杨万里《寄题喻叔奇国博郎中园亭二十六咏·药畦》)，“梅齑促宴瓯”(宋祁《答程职方冬至前一日江上观鱼》),“喜就三冬学,仍开橘秫齑”(晁说之《次朱少章韵》)。

对于漂泊的游子来说，乡愁有时候就是一碗齑，“久惭旅饭糜仓粟，常忆新橙捣脍齑”(陆游《出省》)；友人馈赠，聊慰思乡之苦，“离肠不耐食张梨，并裹橙金遣使齑”(程公许《以梨橙寄景韩景韩有诗来谢因和韵奉答》)；也有的时候，美餐一顿，能暂时忘却羁旅之愁，“霜橙捣齑饭香稻，一饱岂顾家有无”(韩维《答圣俞设脍示客》)。

滋味不一般，宋朝的菘

菘，一种蔬菜。宋代陆佃的《埤雅》云：“菘性隆冬不凋，四时长见，有松之操，故其字会意。”按照这个说法，“菘”是一年四季的“长青”菜。曹勋《山居杂诗九十首》中说：“晓厨寻晚笋，客供摘新菘”，在山间暂住，主人早晨做饭时到竹林里寻找出土出得比较迟的笋，并摘下刚长出来的菘招待客人，大约是主人为这顿简陋的餐感到惭愧了，客人曹勋真诚地说：“舌下清肥足，何劳细肋供。”清甜肥脆的口感令人十分满足，哪里还需要用羊肉待客呢？这个季节应该是春末夏初。而陈造的《食晚菘新笋》这样描述：“即今春菘晚不衰，况复桂笋森可束。”春天的“菘”菜还没有吃完，味道鲜美的桂笋又长得蓬勃茂盛了，说是“晚菘”，分明是从冬天一直到春天的菜了。陈造《再次韵杨宰七首》中“枣饤菘菹不阙供，露莲何啻剥千蓬”说的“菘”，是从夏天到秋天一直都供应充足的。高似孙说：“夏蟹新中食，初菘脆入齑。”（《句》）这是秋天刚刚长大的“菘”，吃起来爽口，正好可以腌起来应冬季缺菜的不时之需了。这些诗，正好印证了“长青”菜的说法。

春天，万物欣欣向荣，各种蔬菜也长得茂盛。范成大的《春日田园杂兴》之一云：

> 桑下春蔬绿满畦，菘心青嫩芥薹肥。
> 溪头洗择店头卖，日暮裹盐沽酒归。

桑树下，春天的蔬菜绿油油的像是泛滥，满垄满园，有青嫩的菘，还有茁壮的菜薹。在小溪边洗掉泥、择掉黄叶，就在小店旁边卖，家家户户餐桌上都是新鲜肥嫩的菘和芥。太阳下山时，用卖菜的钱打了酒、包上盐，心满意足地回家去。春季的菘和别的菜长得好，一家人开开心心吃不完，还能欢欢喜喜换来零花钱。

在寒冷的冬季，菘是不可或缺的必备蔬菜。宋代的东京，在每年的“立冬前五日，西御园进冬菜。京师地寒，冬月无蔬菜，上至宫禁，下及民间，一时收藏，以充一冬食用。于是车载马驼，充塞道路”（孟元老《东京梦华录》）。平民百姓要想冬天有菜吃，在秋天就要播种。方岳《种菘》就说：“老圃相传秋后菘，砖炉石铫一年冬。”从老菜农那里取了真经，秋天以后的菘，可以在炉子上炖烂了吃，这样的做法能吃上一个冬天。因此，不是种下去就完事儿了，还要很尽心地管理，如丰翔《菘圃》云：

林塘草村接江干，一日三回涉圃看。
柴户反关生事了，晚菘种尽雨漫漫。

反锁上柴门，一天到菜园子里转上三遍，就算是百草凋零，也要在绵绵冷雨中把菘菜栽下去。菘菜长得好，生活中就平添了开心的事情。菜园子里有了茂盛的“菘”心里就踏实了。方岳《种菘》云：

老圃相传秋后菘，砖炉石铫一年冬。
宁知迟种迟于我，又见南薰上番风。

莴苣，紫色的茎干，碧绿的叶子，用来做下面条的浇头正正好。肥沃的土地长出的大白菜，做成酸菜，连腌菜水都是好味道！陆游的《北园杂咏》表达的也是同样的欢欣：

东吴霜薄富园蔬，紫芥青菘小雨余。
未说春盘供采撷，老夫汤饼亦时须。

南方的天气不是非常寒冷，薄薄的霜花一打，再时不时来点小雨，园子里的菜长得特别好，紫色的芥蓝，碧绿的青菘，且不说到立春那一天做春盘，我老人家下面条也是常常要去采撷的呀。陆游《岁穷》描绘：

> 夜瓮鸣春酒，晨畦撷晚菘。
> 属餍童子笑，便腹负吾翁。

生活中，有了菘，便有了美味，加上家酿的酒，更增添了情趣，陆游和童子，都乐呵呵的。

冰天雪地没有菜吃的时候，有人送菘，那真不啻雪中送炭。方岳有《赵尉送菜》，一连写了三首。“山云一坞住山翁，菘韭成畦带雪松”，说的是一位老菜翁，他种的菜盖着白雪，就像是乱七八糟顶着被子一样；“不料官园苍玉束，绝胜禁脔紫驼峰”，那样的寒冬里，没想到还有那样的白菜，肥嫩甘甜的美味堪比驼峰；“冰瓷嚼出宫商羽，一洗人间芥蒂胸”，因为秋天种的白菜，到了冬天，白菜帮子里储存了足够的糖分和水分，因而经霜之后格外甘甜，而细细咀嚼白菜时发出的沙沙响声，如同嚼着冰沙一样，特别爽口。刘子翚的《园蔬十咏·菘》也咏赞这样的口感：“今晨喜荐新，小嚼冰霜响。”冬天的白菜如此鲜美，于是就有吃过朋友相送的，吃完了还接着再要。胡寅《谢赵戎惠白菘甚腴且再求之》云：“烦君饷园茹，使我助盘餐。”

范成大有一首《秋日田园杂兴》云：

> 拨雪挑来踏地菘，味如蜜藕更肥浓。

朱门肉食无风味，只作寻常菜把供。

“踏地菘”就是乌塌菜，是白菜的一种；晚秋播种，春节前后收获，经霜雪后，味道格外鲜美。乌塌菜几乎全株贴着地面生长，所以诗人是要扒开积雪才能把菜挖出来的，陈著所云：“瓮醅灰芋雪泥菘”（《浪淘沙》），也是这样的情形。乌塌菜能耐受零下十度左右的低温，这时叶片含糖高，叶厚质嫩，食味清甜鲜美，风味更佳。乌塌菜可以与肉片、火腿、腊肉、虾米一起炒，也可以与鸡蛋、鱼片一道做汤，也可以用来涮火锅。可是这样的吃法就是把乌塌菜当成一般的蔬菜了，与别的菜一起烧，可能就品尝不到鲜藕一般的甘甜和肉质感，有点可惜了。

说到蔬菜的美味，宋代诗词中有“早韭晚菘”的说法。这个典故出自《南齐书》卷四一，有个叫周颙的，祖上显赫富贵，他却清心寡欲，久居山林，有人问他：“卿山中何所食？”周颙说：“赤米白盐，绿葵紫蓼。”文惠太子问颙：“菜食何味最胜？”颙曰：“春初早韭，秋末晚菘。”常年只吃粗糙的红米饭，吃当季的蔬菜，用白盐作调料，这种饭食极其清淡。只吃蔬菜的周颙列出的最佳菜单“早韭晚菘”则成为文人甘于清贫的代名词。如蔡肇云：“空山蕙帐盍思归，秋末晚菘行可俎”（《用俎字韵呈楞年》），方岳云：“似恁疏顽何为者，向人前、不解高叉手。宁学圃，种菘韭”（《贺新郎》），陈著云：“早韭晚菘冬芋栗，尚能时节候高轩”（《临行别单景山》）。这种情形之下，菘，不只是用来吃的，也是用来陶冶性灵的，过着清寒的生活，“马兰旋摘和菘煮”（高翥《送刘允叔主簿归山中》），“菘莳畜瓮绿”（洪咨夔《秋山即事》），人却神定气闲。“二升畲粟香炊饭，一把畦菘淡煮羹”（陆游《山居食每不肉戏作》）。袁燮的《园蔬六首》之一也这样写：

白菘肥脆真佳品，紫芥蒙茸亦可人。
环舍满畦多且旨，寒儒专享未为贫。

清淡的菘，粗糙的红米，如果顿顿如此，常年如此，这种生活就是修行。但是修行不是自我摧残，简单的饭食也可以鲜美可口，所以陆游就琢磨着怎么把白菜做成珍馐，《甜羹》云：

从此八珍俱避舍，天苏陀味属甜羹。

他用大白菜、山药、萝卜做了一锅“陆氏乱炖”，不放酱醋，命名为“甜羹”，显然是满足于这样的做法保证了食材的原汁原味。林洪的《山家清供》记载了一种听起来很文艺的“不寒齑”，就是用清澈的面汤，放进切好的白菜，加上调料生姜、辣椒、茴香等；白菜炖得烂烂的，加一勺腌酸菜的汁水烧开。这种白菜羹又香又辣，还略略带一点甜酸，又爽口又暖身子。如果再加一捧梅花，那就更雅致了。这种白菜羹，与陆游的“甜羹”，有异曲同工之妙。据说苏轼在黄州时还琢磨出一道白菜鱼汤：把鲜鱼刮鳞去肠洗净，与白菜、葱白一道冷水下锅;汤滚开后放生姜、萝卜汁、料酒；将橘皮去白切成细丝，出锅前撒入。这样，白菜叶浸满鱼的鲜味，鱼汤没有腥气，非常可口。

《梦粱录卷十八》还记载了一种“黄芽”菜,是把白菜盖上草，过了一段时间以后，去掉腐叶，只取里面嫩嫩的黄白菜心。舒岳祥在《己丑正月二十四日避地盐溜入省坑存思庵和旧韵》中提起的“雪蘖羊羔白，菘芽栗肉黄”说的就是“黄芽”菜。白菜经过改造，虽然口味变化不大，但身价大不相同了。

贫穷富贵都喜欢的鲊

俗话说，众口难调。具体到任何一种食物，都是有人喜欢，有人不喜欢，正所谓“甲之佳肴，乙之毒药”。就社会阶层而言，喜好也有分类，比如富豪总惦记着野菜，穷人却总想着肥肉，但是有一样食品却是无论贫富贵贱都喜欢的，这就是“鲊”。朱敦儒《减字木兰花》其九云：

斫鱼作鲊。酒面打开香可酢。相唤同来。草草杯盘饮几杯。

人生虚假。昨日梅花今日谢。不醉何为。从古英雄总是痴。

为什么说自古以来英雄“总是痴”？因为他们不知道，打开酒坛子，那浓浓的酒香值得邀请好友一起来分享。他们也许会就着这腌成的鱼鲊，就这么简简单单的，喝上几杯，他们这样享受一回，一定要醉上一回。不知“鲊”味，该是多大的人生遗憾。

“鲊”是一种统称，现代的人会以为这是一种食品保鲜贮存的方法。其实做成的“鲊”，意义远远超出保鲜贮存，鲊，早已成为古代的名菜。《齐民要术》中记载了鱼鲊的做法：鱼切成片，加盐腌渍；橘皮、姜丝、茱萸切成细末，和米饭一起拌匀，这些称为“糁”；然后一层鱼片、一层糁，洒上酒，这样层层码着铺在容器里，装满后密封，若干天以后就是一道美味。刘弇《黄鱼鲊寄狄复之因佐以诗》云：

鱼有健且修，供庖厥名鳣。
……
我食幸有余，鲊法得新传。
姜芹间红糁，渍以春醅澜。
置暖恐后熟，幂尘防弗蠲。
兴来发新坩，正喜供馋咽。
琼蕤附骨脆，黄腊丰脂团。
麋麞信非工，岂复数蚳蝝。
醢马试何事，屠虹只夸谩。
福州罂如斗，密覆恨不宽。
勤勤寄我友，持以敌琅玕。
君识茂先比，举脔知所然。
此味胜他味，勿作等闲看。

诗中详细介绍了黄鱼鲊的做法，细致到简直有点絮絮叨叨、有点饶舌了。黄鱼鲊的味道如何呢？刘弇用了西晋张华（字茂先）吃“腌鱼”的典故。《晋书》卷三十六记载，陆机请张华吃饭，席上有个盘子，上面扣了个碗。张华拿开碗，大家看像是一盘腌鱼，张华却说：“这是龙肉。”众人不信，张华说：“可以浇一点苦酒在上面，一定有异象。”浇上苦酒，盘子里放出五色光芒。送“腌鱼”的人说：“在园子里茅草堆下得到一条白鱼，样子非常奇怪，腌渍后，味道特别鲜美，所以才献上。”刘弇这两句诗，恭维朋友的见识超过了张华，意思是说黄鱼鲊的味道非比寻常，最后还要再次强调，千万不要辜负了这不一般的美味。

周紫芝有一首《鰄鲊》云：

放箸朝盘空，食指昨夜动。
软玉开香包，桃花点春瓮。
平生江瑶柱，异名寔同用。
何当登禹书，永作淮海贡。

诗人吃的，是针鱼干。头天晚上就食指大动，破开荷叶的包裹，里面是透明的鱼片；斟一杯桃花酒佐餐，顷刻间盘子就空了，可见这道菜味道是有多好。鰄鲊，跟平常的干海鲜其实是一回事，可是这次吃的却不一样。什么时候能够像《山海经》记载的那样，永远作为进贡的佳品就好了。而这次的针鱼干怎么就那么美味呢？关键就在制作的工艺不同，也就是诗中咏赞的“香包”。周煇的《清波别志》记载了名菜“东华鲊”的故事。据说，当年东京宫城东华门外的市场上，何家、吴家的鱼鲊，十几块为一把，号称“把鲊”。“把鲊”味道鲜美，闻名天下。做法是：取鲤鱼肉，片腌入味，挤去水分。将花椒、桂皮、酒糟、葱丝、姜丝全部切成细末，放鱼片拌匀，装入瓷坛内，用荷叶密封，闷腌三五天。之后取出鱼片，清水里倒进等量的料酒，把鱼片洗净，再用桂皮末、姜丝、葱丝、少许盐、胡椒粉拌匀，用新鲜荷叶包成小包，上笼蒸透，味道极为鲜美。新鲜荷叶包上鱼鲊，就是“香包”，有许多文人学士赋诗称赞这稀世珍味。梅圣俞也写过“客从都下来，远遗东华鲜，荷香开新苞，玉脔识旧把”（《和韩子华寄东华市玉版鲊》）的诗句。赵汝鐩也有“包鲊就池荷”（《留客》）的诗句，鲜香的鱼鲊，带着新鲜荷叶的清香，这味道，想想都美呀！

鲊，鱼字旁，因而以鱼鲊居多。因此，以“鲊”为题的诗也多半是赞美各种鱼鲊。方岳写过《李监饷四物各以一绝答之·鲟鲊》：

> 肉未为奇骨最奇，透明玛瑙碎琉璃。
> 老饕不奈残牙齿，却爱桃花软玉脂。

这首诗写了鲟鱼鲊的形貌，晶莹剔透的鱼肉里能见到闪着荧光的鱼骨，粉色柔润的鱼肉很有嚼劲，真是又好看又好吃。陆游在《秋日郊居八首》其三中写道：

> 秋日留连野老家，朱盘鲊脔粲如花。
> 已炊藟散真珠米，更点丁坑白雪茶。

这首诗描述了在农民朋友家做客的餐点：红色的盘子里是腌鱼块儿，颜色艳丽，像花一样；珍珠一样的大米做成饭；饭后品尝着名贵的茶汤。陆游吃的鲊，不是由什么名贵稀奇的鱼做成，却色艳如花；这首诗所展现的山村聚饮图，弥散着鲊的咸香，米饭香，还有清逸的茶香；色香味俱全。

鲊，在贫寒的生活中，常常带来现实的享受。刘克庄的《村居即事六言十首》其十中说："鲊饭甘于八珍"，王十朋的《赵果州致羊酒走笔戏酬》也说："姜新微带糟，鲊美香流罂"。使他们甘于清贫的，不仅仅是淡泊的情怀，还有鲊的咸香滋味，鲊的确能够让他们顿顿吃得香甜。萧立之甚至还想着，要把鲊的制作方法普及乡间，让百姓也吃得香甜，"徐将鲊法问张华，普施农民供一饭"（《郴旱檄北湖龙》）。

鲊，如果配上应时菜蔬，更是别有一番风味。方回在《李寅之招饮同登九江城》其八中说："荻芽荐鲊脯，缓醉味岂浅。"鱼鲊劲道醇香，荻芽爽脆清香，这种山野的吃法，令多少现代人艳羡不已！

旅途之中，客愁正浓时，吃什么能让人精神为之一振呢？杨万里的《野店二绝句》其二云：

山店茅柴强一杯，梨酸藕苦眼慵开。

深红元子轻红鲊，难得江西乡味来。

在山里简陋的酒家，勉强端起酒杯，酒是浊酒淡味，梨是酸的，藕是苦的，愁上心头，才喝了一杯酒，就醉眼蒙胧了。店家端上来深红色的鸭蛋和粉红色鱼鲊，难得难得，这是家乡的味道啊！若是远方的朋友寄来家乡的风味，那种欣喜伴着美味，真的是弥足珍贵。如王庭圭的《谢郭景文寄鱼鲊》云：

开缄如见故人面，仍喜故园风物来。

想见金刀落飞雪，何时斫脍共衔杯。

只有鲊，能经得起路途颠簸，经得起时间的流逝，能够长途传递，在到达之后，打开来，食物还有原本的滋味。不仅是美味保鲜，场景也能保鲜，记忆也能保鲜，丝丝缕缕的咸香，燃起重逢的美妙憧憬。

鲊，不仅仅是用鱼作为原料。北魏的《齐民要术》里有裹鲊、蒲鲊、长沙蒲鲊、夏月鱼鲊、干鱼鲊、猪肉鲊等八个品种。魏晋南北朝时期，鲊的品种激增，原料除鱼之外，一些禽鸟、家畜、蔬菜也可以用来制作鲊。隋唐时，出现了太湖鲤鱼鲊、野猪肉鲊、芦菔鲊。到宋代，鲊的品种更多，周密《武林旧事》卷六“犯鲊”中就记录了十三种鲊的名称。《吴氏中馈录》中有肉鲊、黄雀鲊、蛏鲊、胡萝卜鲊等品种。陈元靓《事林广记》中记有海棠鲊、羊肉旋鲊、玉钩鲊、清凉虾鲊等。方岳的《李监饷四物各以一绝答之·鹅鲊》云：

> 翠箸红泥曲米春，篆滩风月入厨珍。
> 谁令渠识黄庭字，且醉胸中无字人。

这首诗写得很风趣。诗题“鹅鲊”，但诗中却没有出现“鹅”字，第二句用“篆滩风月”指代鹅，第三句用能认识王羲之抄录《黄庭经》的书法来指鹅，最后一句是自嘲自谦，也是夸赞鹅鲊的美味令人陶醉。王质的《山水友别辞·薝卜鲊》一诗说的是栀子花鲊：

> 天上雪花六，地下梅花六。
> 彼花花我眼，此花实我腹。
> 鲊它鲊，总弗亚，
> 山南招提北兰若，野僧家风莫相舍。

这首诗，禅意颇浓，自有一番落拓潇洒之风。

说到鲊，还有一个“还鲊”的典故。《三国志》里记载，孟仁升了官职，主管渔业，有一天，他亲自捕鱼，精心做了鲊寄给母亲，母亲又给寄了回去，还批评儿子说：你做着鱼官，贮藏了鱼来寄给我，这不是避嫌的道理，应当深深警戒。后代就以“还鲊”指称贤母，或者表示为官清廉的意思。

山珍奇味数菌蕈

蕈是什么？就是山里、林间、背阴处生长的菌、芝、蘑菇一类。杨万里的《蕈子》云：

空山一雨山溜急，漂流桂子松花汁。
土膏松暖都渗入，蒸出蕈花团戢戢。
戴穿落叶忽起立，拨开落叶百数十。
蜡面黄紫光欲湿，酥茎娇脆手轻拾。
响如鹅掌味如蜜，滑似莼丝无点涩。
伞不如笠钉胜笠，香留齿牙麝莫及。
菘羔楮鸡避席揖，餐玉茹芝当却粒。
作羹不可疏一日，作腊仍堪贮盈笈。

山里下了一场透雨，雨下得很急、很大，把松果、桂子都泡透了。这样带着桂香、松树香味的雨水，渗透到松软肥沃的土里，加上温暖的气息，就蒸出了地面上密密层层一团团、一丛丛圆圆的蕈花来。这些蕈头上顶着、身上披着落叶，好像一夜之间一下子站了起来；轻轻拨开落叶，一下子就能看到几十上百个！蕈的表面像是打上了一层蜡，黄色的、紫色的，都泛着油光，又好像是刚刚被水打湿了那样柔嫩。拾捡蕈的时候，要轻手轻脚，蕈的白色茎干娇嫩得很，一碰就断了。蕈的形状像是鹅掌，味道有点儿甘甜，口感滑爽；也有点像莼丝，却没有莼丝那种微微的涩。吃过蕈之后，留在唇齿之间的鲜香，就是麝肉也比不上。餐桌上有了蕈，连羊羔肉那样白嫩嫩的菘菜和楮树上的菌子都要逊色几分。吃蕈，越新鲜越好，要是做蕈羹，一定要当天采当天做，不能隔夜。要是能做成干蕈储存起来，那就是越多越好啦！杨万里强调了蕈的滋味是：甜、香、丝滑。他写的是雨后山间的蕈，描述了蕈的生长条件是潮湿、温暖，苏籀的《连雨偶成二首》中“槛棂生菌地生衣”，说雨下得时间太长了，门槛窗棂上都要长出菌子来了。孙应时也说蕈不是在大太阳底下长出来的，而是“野菌出墙阴”（《秋雨旬日偶成》）。汪藻的《食十月蕈》云：

佳蕈出何许，南山白云根。
畦丁入云采，遍以脱叶翻。
戢戢寸玉嫩，累累万钉繁。
中涵烟霞气，外绝沙土痕。

下箸极隽永，加餐亦平温。
伊昔贵公子，鲜肥厌羔豚。
争啖肉菌美，共品天花尊。
……
从今大嚼处，不复思屠门。

诗人笔下的蕈，自带仙气。这么好的蕈，不带凡俗泥土的痕迹。在南山，白云生成的地方，落叶之下，密密层层，饱含轻雾云霞的气息。这样远离凡尘生长的蕈，尝一口，鲜味就长久留在唇齿之间，就是多吃点也不会伤了肠胃。那些富家子弟，吃腻了蒸豚炙羊这样的美味，也会争着品尝肥厚鲜美的山菌，特别值得看重的是天花蕈。放开大吃之后，再也不会羡慕吃鸡鸭鱼肉的人了。

因为蕈大多生长在人迹稀少的地方，所以有的人就看重它隐逸低调的品性。方岳的《次韵采菌》云：

秋崖不惯大官肉，雪屋为出斋房芝。
山灵颇怜世味薄，风格略与诗情宜。
菘膰何但退三舍，蕨拳恨不同一时。
自寻堕樵了幽寂，岂料枯卉能神奇。
群仙餐霞吸沆瀣，豪贵蒸乳盛琉璃。
砖炉石鼎煮飞瀑，此妙勿令渠辈知。

诗人赞叹菌子的清高和避世，就连山间的神灵也深深喜爱它没有多少俗世的气息，喜欢菌子的风格，这与诗人的诗歌情调相符合。砖砌的炉灶上，石头鼎里煮着湍急的山涧溪水与神奇的芝和菌，是何等的豪华；在飞动的云霞前品尝芝和菌的味道，这种滋味，那些俗鄙的人不配享受这些！“时把酒杯倾月影，或烧石鼎煮天花”（王柏《和伯兄适庄访立斋》），清幽的环境，新鲜的味道，清雅的情致，堪称绝配。释慧空《与郭郎作骨董羹四首》之一说：“自羹青菘烧芦菔，更杂石耳相天花。”

天花，就是天花蕈，以雁门所产最为珍贵。邵桂子也推荐“雁门天花，黄河蘑菇”（《疏屋诗为曹云西作》）。骨董羹，是指把鱼肉蔬菜等混在一起炖煮的羹，没有固定的菜谱，其实也就是乱炖。苏轼的《仇池笔记·盘游饭谷董羹》中说：“罗浮颖老取凡饮食杂烹之，名谷董羹。”也有人认为就是火锅，把食材投入锅中发出“咕咚”的声音。“罗浮”指罗山浮山，“颖老”指道士昙颖。贫寒的士子一生可以享用各种各样的蔬菜，这种食料非常好，比起富贵人家整天大鱼大肉来，是最好的健康饮食。又冷又饿浑身发抖的时候，是什么能让人吃饱了肚子还能身上暖暖和和、脸上红红的？那就是，自己炖一锅萝卜青菜，再加上山间石头上的地衣、林子里的天花蕈。愿意用这样的饭食款待品性高洁的读书人，吃饱了之后，点一炉香，烹一壶好茶，在山间住上一夜。

蕈，滑嫩清鲜，常常被用来做成素食主菜，如果作为配菜，则可以调鲜提味。有了菌蕈的点缀，素菜的身价也就一下子提高了。郑清之描述羹之所以鲜美"脆甘丰腻洁且鲜"，是因为"天花石耳羞争妍"（《旧冬得蒌蒿数十根植之舍傍今春遂可采撷……》）。苏轼《约吴远游与姜君弼吃蕈馒头》云：

天下风流笋饼啖，人间济楚蕈馒头。
事须莫与谬汉吃，送与麻田吴远游。

笋，本来就是蔬菜中的珍品，做成饼馅，清香、鲜嫩、爽口，越嚼越香。蕈馒头，应该就是香菇（菌）包子，也是鲜、爽、香，所以，是"天下风流""人间济楚"，都是不同凡响的美味。岳珂的《以庐山所产天花蕈冬笋玉延饷赵季茂通判》也是盛赞笋和蕈："凭君试隽山中味，却较闲忙定不差。"周端臣偶尔尝到蕈之后写道："胜味忽惊藜苋腹"（《谢人惠天花》），完全是惊艳的感觉。在清贫的日子里，没有菜吃，若是能发现蕈，那真是意外的收获。苏轼在《与参寥师行园中得黄耳蕈》中说："寒蔬病甲谁能采，落叶空畦半已荒。老楮忽生黄耳菌，故人兼致白芽姜。"程俱也有过类似的经历，他的诗题很长，《园居荒芜春至草生日寻野蔬以供匕箸今日枯蘖间得蒸菌四五亦取食之自笑穷甚戏作此诗一首》，偶尔发现的蕈给了他非常实际的安慰："惊雷发蒸菌，自可当夏鳖。"程俱有《和柳子厚诗十七首》，第十六首诗《得白菌引酒径醉》描述他从冬天到春天一直都没有菜吃，有人送来鲜蕈，他竟然高兴得喝醉了："得此径陶然，朱颜忽如昨。"

蕈的味美，非同寻常，所以有人就觉得，普通的平民百姓，简直不配品尝。姜特立的《香菌出括苍山谷中其味香滑绝妙昔尝欲献之寿》是这样说的：

薰蒸应地德，香滑异园蔬。
天花非尔伦，金芝恐其余。
雅宜斋庖荐，不受羊羹污。
将欲献天子，谁为达区区。

香菌由温暖的地气熏蒸而长成，它的香，它的鲜，完全不同于菜园子里的蔬菜，声名远扬的雁门天花蕈不是这个味儿，就是仙草金芝也远远比不上，香菌啊，你的清雅只适合专做素食的厨房，不能被羊肉羹沾染了、弄脏了。想要把它献给君王，谁能为我表达这平常而诚挚的心意呢！诗人说"献"是虚指，但还真有一个献蕈的故事。明田汝成的《西湖游览志余》记载，乾道初年，灵隐寺后面长了一个奇大无比的蕈，直径有三尺，红润可爱。寺主又惊又喜，以为是珍品，自己不敢吃，摘下来献给了郡王。郡王也很惊奇，觉得这是品性高洁的食物，自己也不配吃，上奏说要进献给皇帝。宋孝宗下诏说，珍奇美味应该供佛，因为宋孝宗不知道这个大蕈出自哪里，所以赐给了灵隐寺。这个大蕈回来的时候，用盘子装着，一天下来有汁液渗出来了，两只狗争着舔舐，顷刻之间发狂倒毙。寺主吓坏了，说：“要是真的进了皇家御厨，灵隐寺要遭到满门抄斩了。”可见这个大蕈有剧毒。在宋代因为误食毒菌致死的，不计其数。

美味的蕈赠送给朋友，寄托了一份深挚的情义。楼钥的《独旦蕈次九五从叔韵》中描述蕈的味道是“食之实冠东南味”，是“一见流涎惊绝异”，这样的蕈送给亲朋，情意真诚，滋味隽永。

蕈有着诱人的鲜美滋味，所以人们不辞劳苦采摘。方岳的《采菌》云：“独奇白雪芝，风露专一壑。”于是，“可怜书生愚，为口不计脚”。

值啊！

金盘陶盏都相宜的脍

脍，原指细切的肉丝、鱼丝，后来也指切薄的鱼片做成的菜肴。脍，可以加调料拌着生吃，也可以加调料烹煮之后吃。以鱼为原料的，有时候写作鲙。食脍，并非从宋代开始，脍成为诗歌题材，亦非始于宋代；但大批量的用诗词描述和咏赞脍，则是宋代的一幕文化盛景。

鱼脍贵在刀功,因此食脍的第一道享受,是观赏“斫脍”。斫，削的意思；斫脍，就是将鱼肉削成薄片。苏轼赞道“运肘风生看斫鲙,随刀雪落惊飞缕”(《泛舟城南,会者五人,分韵赋诗,得“人皆苦炎”字四首》)。鱼片在厨师的利刃之下,雪片一样飘然而下。黄庭坚也有诗曰:“齑臼方看金作屑，鲙盘已见雪成堆。”(《谢荣绪惠贶鲜鲫》)厨师手脚麻利，干净利落。方岳在《次韵姚监丞斫脍其一》中描绘:“冰盘飞缕落芳馨，雪色微红糁玉霙。”运刀切割鱼肉，鱼片又细又薄，画面生动，极具观赏价值。

鱼脍的原料，宋代诗词中咏赞的大部分是鲈鱼。据记载，脍所用的鱼，早时认为鲤鱼最佳。“脍炙人口”的炙，是指烤猪里脊肉；脍，就是指鲤鱼。到了唐代，因为鲤与“李”谐音，鲤鱼被封为“赤鲤公”，身家如此显赫，当然不能用来作脍了。而早在晋代，《晋书·张翰传》就有记载：“翰因见秋风起，乃思吴中菰菜、莼羹、鲈鱼脍，曰：‘人生贵得适志，何能羁宦数千里以要名爵乎！’遂命驾而归。”自此就有“秋思莼鲈”固定搭配历代相传；鲤鱼作脍被禁止，于是鲈鱼理所当然地成为脍的主角。其实，除了形而上的歌咏，深秋初冬时令的鲈鱼，的确肉质肥美，白如雪，没有腥味儿，当得起“鱼一号”。叶茵的《鲈脍》云：

圉圉洞庭阴，西风苦不情。
堕罾云叶乱，落刃雪花明。
列俎移桃菊，香奁捣桂橙。
四鳃传雅咏，巨口窃嘉名。
误上仙翁钓，羞陪虏使觥。
甘腴殊机肉，鲜脆厌侯鲭。
银鲫将同调，丝莼久共盟。
只缘乡味重，自觉宦情轻。

鲈鱼，古松江府为多，故又称松江鲈鱼。《松江府志》：“天下鲈鱼皆两鳃。唯松江鲈鱼四鳃。”此地的鲈鱼，作脍最美味。鲈鱼原本生活在隐蔽的洞庭山脚下，带着寒意的秋风无情地一阵阵刮来，收捕的季节到来了。鲈鱼掉进了渔网，云的倒影乱了，水面上的落叶也乱了；利刃之下，鱼肉像雪花纷纷落下。闻名遐迩的名贵四鳃鲈鱼，配上桂花和橙子捣成的调料，口感肥美丰富鲜香，远远胜过砧板上日常做的肉菜。那种爽口鲜香，富贵人家筵席上的鱼肉哪里比得上！若说口味，只有新鲜的鲫鱼、嫩滑的莼丝大约还配得上。品尝家乡这样美妙的滋味，功利心顿时就轻了许多。类似的体会还有“细切银丝脍，新尝玉版羹”（丘葵《和吕所盘韵》）。专心品尝鱼脍时，连杜鹃鸟凄厉的啼声，也没能唤起内心的思乡之情。这鱼脍的美味，都占据了诗人的精神世界了。梅尧臣的《送裴如晦宰吴江》云：

吴江田有粳，粳香春作雪。
吴江下有鲈，鲈肥脍堪切。
炊粳调橙齑，饱食不为餮。

鱼米之乡，有名闻天下的肥美鲈鱼，有雪白如珠的香米，切一盘鲈鱼片，调一盏橙齑，煮一锅粳米饭，饱餐一顿，这可不叫贪吃！司马光《送巢县崔尉》中说：“巢湖映微寒，照眼正清泚。低昂蹙荷芡，明灭萦葭苇。银花脍肥鱼，玉粒炊香米。居人自丰乐，不与他乡比。”写的是巢湖，也是一个鱼米之乡，在那里也能享受鱼脍之美。

欧阳澈有一首《醉中食鲙歌》，长篇大论，把吃鱼脍写得激情豪迈。开头两句："君不见秋风未发鲈正肥，张翰思归心欲飞。又不见田文有客歌弹铗，为叹无鱼声激烈。"为自己喜欢吃鱼脍做足铺垫。食有鱼，本来就是一种生活境界，更何况如今是"水晶细鲙落金盘，须信江南味中绝"，"助盘橙橘荐甘酸，入口琼瑶碎牙颊"，蘸着酸酸甜甜的调料，晶莹剔透的鱼脍入口鲜嫩，绝佳享受。"烹龙炮凤未云珍，策勋终是愧霜鳞"，相比之下，再丰盛珍贵的菜肴，用再高超的技艺烹调，都不能称之为珍馐；如果要登排行榜的话，这些都远远比不上鱼脍。陈舜俞在《销暑楼》中描绘道："擘水脍鲈堆白雪，拨醅酿酒滴真珠。香飘沉穗萦栏角，歌沸梁尘落坐隅。"酒香、鱼香，令人沉醉。雪白的鱼丝或鱼片，若是配以金盆，再点缀有鲜绿的香蒿、艳红的枸杞，这种清爽悦目也常见于宋代诗词。

据说，隋朝君王嗜吃鱼脍，并下结论"金齑玉脍，东南佳味"，"东南佳味"说的是鱼产地，"玉脍"是形容切好的鱼片，"金齑"是说调料。关于鱼脍的调料，有的用蒜、姜、葱、韭末、苏子、胡芹；有的用葱、姜、椒；有的用萝卜汁、姜、香菜、芥辣醋；有的用香菜、蓼子、芥末、炒葱、盐醋；也有的用梅、橘、栗子，等等，方岳曾道："旋捣金齑剁玉葱"（《次韵姚监丞斫脍其二》），就是用葱白和橙齑调味。

进入诗词的，不只是鱼脍，还有莼菜脍，"白盐莼菜脍，红酒稻花鸡"（戴表元《史昭甫招陈宗鲁之长兴》）。有的人认为蔬菜亦可"脍"，菊，更是可脍、可齑又可做酒。杨万里有诗《水精脍》云："银刀细下雪缕飞，金盘饤出琼瑶堆。齿牙著处霜霰响，殽鲭厌后胸襟开。"究竟是什么做成了"脍"？皮冻？水晶屑？还是干脆就是冰？后人争执不定。

美味的鱼脍究竟怎么吃？李弥逊《仪真道中三首》之一说："旋捣香粳炊玉粒，饱肥鲜鲫脍银丝。"《东京梦华录》记载，当时金鱼池内养鱼，水上乐园卖现切现做的生鱼片，"旋切鱼脍"，为一时佳味。佐味的酱汁，夏天是白梅蒜酱汁，秋天是芥子汁，冬天是橘酱汁。袁说友的《泊吴江食莼鲈菰菜二首》中："青丝簇饤莼羹味，白雪堆盘缕脍鲈"，还有"班鲈斫脍红缕鲜，紫豉煮莼香味全"（梅尧臣《邵郎中姑苏园亭》），说的是荤素搭配，一顿饭吃了两道名菜。

吃鱼脍，不限时令，一年四季都可以吃。有人春天吃，"湖南小山花更多，不醉将如春色何！钓得鲜鳞堪斫脍，任教微雨湿渔蓑"（陆游《泛舟观桃花》）。有人冬天吃，"雪晴何所乐，乐趣在杯中。况复君家美，雕盘脍缕红"（梅尧臣《依韵和通判太博雪后招饮二首》）。有人等着秋风刮起时吃，"忍待西风一萧飒，碧鲈银脍意何如"（刘子翚《和晁应之大暑书事》）。可是有人就在大热天现捞现吃，"晚网得鱼似湖白，銮刀脍玉捣香齑"（赵汝鐩《避暑溪上》）。当然，享受鱼脍，特别是鲈鱼脍，非秋天莫属啦！朱敦儒《相见欢》云：

深秋庭院初凉。近重阳。篱畔一枝金菊、露微黄。

鲈脍韵。橙齑品。酒新香。我是升平闲客、醉何妨。

清秋到初冬，品脍好时机。那么，在哪里吃更有品位？可以在桂花香中，菊花丛前，“玉脍雪螯新煮酒，桂花香后菊花前”（方岳《次韵客饷鲈蟹》）；也可以在明月之下，“白酒倾浆脍斫红，昼游未厌月明中”（苏辙《次韵子瞻登望海楼五绝并叙》）。可以在种满橘子树的沙洲之上，“紫蟹螯肥鲈脍好，酿就洞庭春色老”（王炎《张德夫园亭八咏》）；也可以在小溪岸边，“溪上居人三两家，竹篱斜插倚蒹葭。清流日暖鱼飞浪，静渚轻烟鸟印沙。脍落霜刀分采缕，酒倾玉碗泛琼花”（冯时行《溪上望居人有感》）。最清雅的就是在小小的打鱼船上，“鬻残小鲜仍自脍”，“夜阑酒渴漱寒流，月照芦花上蓬背”（刘子翚《清江行》），就着刚刚打上来还没有卖掉的小鲜鱼，小酌一下；半夜从醉乡醒来，口渴了，就近掬起冰凉的溪水解酒，清冷的月光照着渔船的遮篷，照着悠然的渔翁。

佳肴与好友同尝，这才是真正的美味。戴表元的《次韵答朱侯招游海山》云：“霜鱼碧玉脍，水菊黄金辉。君歌我按筑，我舞君揽衣。此日为君欢，醉游敞船扉。”梅尧臣有一首著名的《设脍示坐客》云：“楚橙作齑香出屋，宾朋竞至排入扉。呼儿便索沃腥酒，倒肠饫腹无相讥。”梅家有个婢女特别会做生鱼片，欧阳修等人品尝之后以为珍馐，之后每当想吃鱼脍，就拎着鱼找上门去。后来，“昔尝得圆鲫，留待故人食。今君远赠之，故人大河北。欲脍无庖人，欲寄无鸟翼。放之已不活，烹煮费薪棘”（梅尧臣《蔡仲谋遗鲫鱼十六尾余忆在襄城时获此鱼留以迟欧阳永叔》），有了鲜鱼，可惜以前一起吃鱼脍的好友离得太远，又不能把鱼寄过去，好好的食材就成了多余的东西。他在另一首诗里说：“但欠平生欢，共此中路食”（《斫脍怀永叔》）。鲜美的鱼脍可以让人念念不忘，如果是与知己好友一起品尝，回味就更久。晁公溯托人给好友送去美酒，让朋友赶紧从池子里捞鲜鱼，就着送去的江南春美酒吃鱼脍，“取君池中鱼，酌此脍蜀姜”，“遥知快大嚼，饔子刀如霜”（《比以酒饷师伯浑辱诗为谢今次韵》），想象好友开心地大快朵颐。

滋味丰富的鱼羹

说起宋代的鱼羹，“宋嫂鱼羹”是绕不过去的。周密的《武林旧事》记载，南宋淳熙六年（1179年），宋高宗赵构闲游西湖，有一群等待伺候太上皇的人当中，有一个卖鱼羹的宋五嫂，自称本是东京人，随驾来到杭州，在西湖边以卖鱼羹为生。宋高宗品尝了她做的鱼羹，称赞不迭，赏赐金银绢匹。从此，宋嫂鱼羹名气更大，成了一道名菜，而后，口碑流传千年。

区仕衡的《与客西湖上感事》提到了宋嫂鱼羹，诗云：

湖头双桨藕花新，五嫂鱼羹曲院春。
只道西陵松柏下，繁台宾客更何人。

诗中所说的“曲院”是“曲院风荷”，西湖十景之一；“西陵”，古称固陵，在钱塘江南岸。春秋时期，越国大夫范蠡在此筑城拒吴，时称固陵，六朝时称西陵。吴越王钱镠觉得“陵”字不吉利，改名为“西兴”。“繁台”，相传春秋时为讲武台，汉代梁孝王扩建，在这里审核歌舞音乐，因此又叫吹台。后来因为有繁姓在台旁居住，因此人们称之为繁台。南朝文学家谢惠连曾经为此台写过《雪赋》，所以繁台又名雪台。诗人描述，客人在湖岸边荡舟，欣赏着刚刚绽放的荷花，时令明明是秋天，曲院里，却因为大家都争相来品尝宋嫂鱼羹，热闹得像是春天一般。只说此刻是在钱塘江边的一个古镇的松柏之下，来自东京的那些宾客，都是些什么人呢？显然作者是讽刺那些南渡的中原人士，甚至是朝廷高官，不以中原沦陷为悲哀，却热热闹闹聚饮寻欢。这首诗的主题不是赞美鱼羹的，然而，食客们因为鱼羹的美味而忘记了复国大业，从侧面强调了这道名菜的鲜美。

宋嫂鱼羹，因为沾了“王气”名声大振，但是实际上，这就是一道鱼菜，会做的人很多啦。刘子翚的《与纯臣原仲温其煮鱼羹》一诗就详细介绍了做法：

众宾会高堂，嘉鱼脱重渊。
双鳃尚呀呷，绿藻仍牵连。
厨人起揎袖，刀机鸣铿然。
断尾赪縠碎，批鳞玉花翩。
云雷蓊深釜，清香已遥传。
投葱裂素丝，裁姜落金钱。
陶瓯举筠箸，更觉真味全。

细纹松江鲈，缩颈槎头鳊。
吾侪但知饱，美恶无弃捐。
何论调羹手，聊复试小鲜。

客人们都汇聚在高大的厅堂了，名贵的鲜鱼刚刚从深水里打捞上来，两边的鱼鳃还在一张一合，身上还挂着绿色的浮萍。厨师撸起袖子，乒乒乓乓操起刀具，斩掉鱼尾，刮去鱼鳞，沥尽淡淡的血水，片成一片片晶莹剔透的鱼片。热气从深深的锅里腾起，远远就闻到了清香，飘下细细的绿葱丝，再撒下金钱一样薄薄的姜片。捧起陶碗装的鱼羹，用竹筷子搛起鱼片，觉得味道纯真。做鱼羹，有背鳍细巧的松江鲈鱼当然好，用缩着脖子小脑袋的鳊鱼也行，我们这一拨人只要能吃饱就行，鱼的品位高低是不计较的。无论技艺是高是低，不妨再试试用小鱼做鱼羹。诗人从鱼儿离开生于兹长于兹的水里开始写起，一直写到鱼羹上桌。食材非常新鲜，鱼羹的配色十分素雅，餐具也很朴拙，鱼羹的味道特别纯真，真是难得的美餐呀！

刘子翚的鱼羹，是煮鱼。有人考证，宋嫂鱼羹的鱼是先蒸熟的。先将作主料的鳜鱼剔去皮骨，在鱼肉上划几刀，将鱼肉装盘，加姜片、葱结、料酒，上笼蒸熟，然后拣去葱姜，炒锅倒油，油热后下葱段煸出香味，加入清汤、料酒烧开，再捞出葱段，下笋丝、火腿丝、香菇丝烧开，再下鱼肉和蒸鱼的汤汁，加适量的盐烧开，放一小块熟猪油，用湿淀粉勾芡，淋蛋液，再滴几滴米醋，撒少许白胡椒粉，鱼羹就做好了。

作为名菜，宋嫂鱼羹的食客多半是有钱人；而刘子翚说的鱼羹，食客多是一群雅人。潘牥的《渔父》也写鱼羹：

小舟真个白鸥轻，一一鸣榔作阵行。

打得鲜鳞归去早，蓼花深处卖鱼羹。

一只只小小的打鱼船，都敲打着船舷，在水面上排成一列队阵。打到了鲜鱼就马上回去，顷刻间，开满蓼花的岸边就声声叫卖鲜鱼羹。行船、捉鱼、卖鱼羹，这么连贯，鱼羹也是再新鲜不过的了。蓼花红、水波绿，这样如画的美景当前，这鱼羹的味道，自不待絮言。而在岸边买鱼羹的，就应该是平民百姓了。

宋嫂鱼羹讲究食材，刘子翚却认为，鲈鱼、鳊鱼都可以，潘牥则更是不讲究鱼的品种，只是强调新鲜。杨万里的《白鱼羹戏题》云：

秋水寒鱼白锦鳞，姜花枨实献芳辛。

东坡玉糁真穷相，得似先生此味珍。

到底是颜色银白的鱼，还是真的就是白鱼充羹？杨万里到底是称赞鱼羹，还是夸耀苏轼的山药米糊粥？其实，做鱼羹的到底是什么鱼，诗人也不知道，他只是描绘，这鱼是从秋天寒凉的水里打上来的，白色的鱼鳞还闪烁着光亮。鱼羹中撒上了姜丝和橙皮，去掉了腥气，鲜香中有一丝丝辣味。苏轼用山药和玉米糁熬成的糁羹，跟这鱼羹是何其相像！鱼羹和东坡糁羹一样，味道都是天然纯真的，这一点，也是何其的相像啊！这样一品味，是什么鱼不重要了，是鱼羹还是糁羹也不重要了，重要的是，它们都是没有经过特别炮制的天然美味，特别珍贵。

艾性夫的《杉树牌晚憩》云：

倦童呼不诺，久客坐长叹。
野色归烟暝，秋声入雨寒。
阅人江树老，经火路牌残。
近郭鱼羹饭，招呼作晚餐。

傍晚时分，诗人在一个叫杉树牌的地方歇脚。这个地方偏僻荒凉，孩子们都累了，叫他们也不搭话，长久漂泊在外的游子不由得坐着喟叹不已。四外的景象，在暮色中都朦朦胧胧，下起了雨，秋风刮来，听着让人觉得特别冷。江边的老树看过了多少人间事？经历了日晒雷火的路牌都已经破损。在靠近城市的地方，有店家在叫卖晚饭，卖的是鱼羹和米饭，这是平民百姓的饭食。

鱼羹，在宋代应该是江南人得天独厚的享受。曾极的《荆公祠》云：

霜筠雪竹古精蓝，投老归与志自甘。

一食万钱终忍垢，鱼羹饭美忆江南。

鱼羹之鲜美，是叠加的浑厚美味，醇鲜，正如美好的记忆，一旦经历，永生难忘。

这样接地气的天然真味，符合文人雅士的品性。刘克庄在《村居即事六言十首》之一云：

磐石时时垂钓，茅檐旦旦负暄。

小杓行鱼羹饭，长竿晒犊鼻裈。

常常在溪边的石头上坐着钓鱼，天天在茅屋下晒晒太阳。小木勺舀着鱼羹就饭，长竹竿上晾着捉鱼时弄湿的裤衩。远离尘世喧嚣，没有官场束缚，这是多么悠闲自在的生活。懒散的日子里自己捉鱼，自己做鱼羹，这种鲜美的滋味，多么令人羡慕。

在古代诗词中，渔翁、钓翁都是超凡脱俗、潇洒人生的象征；如果要说到相关的美食，“鱼羹”也就成了高人隐士的标配。何文季的《寄石溪》云：

庞老多年不入州，一竿危坐石溪头。

山中饱食鱼羹饭，不博人间万户侯。

“庞老”这个典故出自《法华经》，庞老就是老庞父，是一位老居士，为了修行，他把所有财宝都丢到了汉江里，然后带着家人隐居山里。他让女眷编竹，男儿耕田，以为这样就能修成正果。但是因为早年已经习惯了奢华生活，这样简朴的日子坚持不下去，千金散尽，年华已逝，感觉难成正果，于是慨叹：“用功不易，成妙法难。难难难，十斛芝麻树上摊！”他的女儿灵昭应声答道：“也不难，也不易，饥来吃饭疲来睡。”意思是不必刻意而为，只要心中有佛，一切随缘便成正果。话是这么说，坚守自己的底线，坚持自己的操守，首先的必要条件就是得活着，而隐士并不是靠吸风喝烟能够生存的。想要坚持下去，安于乡间生活，甘于寂寞，并且甘之如饴，除了淡泊的心境，也要有美食帮衬。真正隽永的滋味，不能仅仅留在意念中，画饼充饥终究是不能长久的。能饱餐喷香的米饭，能常喝鲜美的鱼羹，才能抵挡得了高官厚禄的诱惑。

天下第一鲜：蛤蜊

听说宰相王安石对饮食一向糊涂，经常食而不知其味。可是，有一次，刚吃完饭，他就提笔写了《车螯二首》：

车螯肉甚美，由美得烹燔。
壳以无味弃，弃之能久存。
予常怜其肉，柔弱甘咀吞。
又常怪其壳，有功不见论。
醉客快一啖，散投墙壁根。
宁能为收拾，持用讯医门。

作为高人，王安石自然不会忘记由美食引申开去，想到“刚柔之道”，想到“有用”与“无用”，想到能否发挥这种食材的最大值，然后讲一番道理。但是，开头便称赞“肉甚美”，在王安石这里，实在是太难得了！

王安石吃的“车螯”就是蛤蜊，似乎是一顿蛤蜊，让王安石恢复了味觉。另一位高人欧阳修，面对酒宴上盘子里堆得满满的“车螯”，首先是惊骇，惊讶于这个盘子里的菜太奢侈、太震撼了，他感叹这玩意儿：“璀璨壳如玉，斑斓点生花。含浆不肯吐，得火遽已呀”。蛤蜊长相漂亮，品性奇特；美食当前，这位有地位有身份的官人也顾不得矜持了，“共食惟恐后，争先屡成哗。但喜美无厌，岂思来甚遐”（《初食车螯》）。看看，不仅是忘了“一粥一饭当思来之不易”，就连餐桌礼仪也不顾了，这位尊贵的客人的吃相，可以想见。

古人吃蛤蜊的历史很长，《韩非子·五蠹篇》中记载，远古的时候，老百姓就吃瓜果蔬菜、水生植物，还有河蚌蛤蜊之类的食物。但是古代交通不便，在内地，蛤蜊是稀罕物，是奢侈品。《酉阳杂俎》中说，隋帝特别喜欢吃蛤蜊，几乎每顿饭都要吃。算下来，隋帝简直有点吃垮一个朝代的意思。相比之下，宋仁宗就很讲节俭。宋人陈师道的《后山谈丛》记载，有一年刚入秋的时候，京城有蛤蜊上市了，有人给宋仁宗进献，宋仁宗问：“这东西哪儿来的？什么价钱？”回复说：“蛤蜊一千钱一个，一共进献了二十八个。”宋仁宗很不高兴，没吃这道菜，还说：“我经常告诫你们不要太奢靡，可是今天一下筷子就要花费二十八千钱，我受用不起。”这个故事与《邵氏闻见后录》中说的螃蟹故事雷同，从侧面反映了蛤蜊的价格，难怪王安石、欧阳修面对蛤蜊，是那样一副大惊小怪的样子。

蛤蜊真有那么好吃?

当然!

梅尧臣的《永叔请赋车螯》也描摹文蛤“素唇紫锦背，浆味压蚶菜”，因为滋味美妙，所以“翰林文章宗，炙鲜尤所爱”。在《吴正仲遗蛤蜊》中他赞道:

紫缘常为海错珍，吴乡传入楚乡新。
樽前已夺蟹螯味，当日莼羹枉对人。

与蛤蜊相比，螃蟹的鲜美显得逊色，连名噪一时的莼菜羹都不值得一提了。

孔武仲在《食蛤蜊呈子骏明叔》中详细描绘朋友聚餐时的情景:

两君霜夜两相过，有酒无肴争奈何。
蛤蜊买得虽不多，百枚包以一枯荷。
呼奴再濯清泠波，玉石磊落声相磨。
干薪烈焰稍骈罗，暴殄天物真烦苛。
闭关拒敌难挥戈，划然双辟如嘘呵。
天然甘露贮玉窠，不须易牙为调和。
争先贾勇手自拿，莫笑擘盘无翠娥。

钎明肉净绝泥沙，弃掷顽壳如投梭。
宫醅滟滟鹦鹉螺，满饮不惜朱颜酡。

孔武仲从买蛤蜊的缘由开始写起：两位朋友寒夜里两次来拜访，家里有酒，可是没有下酒菜，这可怎么办呢？总算买到了蛤蜊，虽然不多，却也一片枯干的荷叶包了百来个。叫仆人在清水里反复洗濯，洗蛤蜊的声音像是玉石互相碰撞。架起干柴，火焰熊熊烧，煮这挤挤挨挨的东西，为了吃，简直是暴殄天物，还不怕烦琐。蛤蜊本来是紧紧合拢，就像是闭锁关口，就是用刀也撬不开；可是一到滚开的水里，它们就像是听到一声令下，忽然一下子全都张开了嘴。蛤蜊肉就像天然的甘露藏在玉做的窝里，天生的美妙不用易牙这样的神厨来调味。蛤蜊上桌，大家顾不得烫手，也顾不上计较有没有漂亮丫鬟伺候着，争先恐后各自伸手拿起来品尝。纯净透明的蛤肉干干净净，没有泥沙，味道实在太好，吃完一个再拿一个，像是穿梭一般取蛤蜊、扔蛤壳。一边嚼着鲜美的蛤蜊，一边喝着玉液一般的好酒；蛤蜊吃了一个又一个，美酒喝了一杯又一杯，不知不觉，主客都已经脸红红的，沉醉于美食中了呢！

蛤蜊成为美食，是大海给人类的恩赐，它的做法非常简单。买来蛤蜊，洗干净，再用淡盐水浸养，让蛤蜊吐尽泥沙，入沸水烫到壳张开就可以吃了。一般的吃法是剥壳取肉，加盐、蒜泥、香菜调和，也有人不用调料，直接扒开壳就吃的，像孔武仲诗中写的那样。杨万里吃蛤蜊，也讲究品尝原本的滋味，他在《食蛤蜊米脯羹》中写道：

倾来百颗恰盈奁，剥作杯羹未属厌。
莫遣下盐伤正味，不曾著蜜若为甜。
雪揩玉质全身莹，金缘冰钿半缕纤。
更淅香粳轻糁却，发挥风韵十分添。

香粳米蛤蜊粥，不让放盐，是怕损伤了蛤蜊原本的滋味；也不用放蜜，因为蛤蜊自带了淡淡的鲜甜。洁白晶莹的蛤蜊伴着同样玲珑剔透的香粳米，这道美食不仅味道鲜香，而且风韵十足。也只有这样吃，才不辜负了蛤蜊“天下第一鲜”的称号。

蛤蜊味美,可是也有人不会吃。沈括在《梦溪笔谈》里记载，当时的北方人喜欢用麻油煎炸，无论是什么食材，拿来就用麻油煎炸。庆历年间，一帮文化人聚会，采办了一筐生蛤蜊，叫厨师做来吃。可是等了好久不见上桌，客人觉得很奇怪。让人去问厨师，厨师郁闷极了，回复说：“都已经在油里煎得焦黑焦黑了，肉还没有烂。”一桌子客人哄堂大笑。这才是暴殄天物！

朋友相聚，把酒言欢，品尝蛤蜊美味，往往成为珍贵的回忆。同样，饮酒品蛤蜊也常常被当成怀旧的由头，如郑獬的《送曹比部赴袁州》云：

船头猎猎两旗翻，六月江风洒面寒。
一日却称新太守，十年曾是旧郎官。
中间忧患诚为甚，向老风情亦未阑。
紫背蛤蜊白醪酒，开樽长解忆长安。

而愁情太浓、心事太重的时候，还是让蛤蜊的鲜美滋味来满足了味蕾，浓醉了情怀吧。汪元量的《鹧鸪天》云：

潋滟湖光绿正肥。苏堤十里柳丝垂。轻便燕子低低舞，小巧莺儿恰恰啼。

花似锦，酒成池。对花对酒两相宜。水边莫话长安事，且请卿卿吃蛤蜊。

“吃蛤蜊”的典故，见于《南史·王融传》。王融与沈昭略相遇，两个人相互不认识。沈昭略上下打量王融几遍，问主人：“这个年轻人是谁？”王融闻言很不开心，说：“我纵横驰骋，名声像星辰照耀天下，谁不知道我王融，你居然还这么问！”沈昭略只是淡淡地说：“我不知道你这些事，先吃蛤蜊吧。”可是王融居然没有听出沈昭略话里讥讽的意思，还说：“人以群分，物以类聚。先生长久住在东南一角，所以喜欢吃这种东西。”王融真是太轻狂了，他不知道“吃蛤蜊”这句话藏着学问，是有故事的。《淮南子·道应训》中记载，卢敖游历北海，在北极一个叫蒙谷的山上看见一个奇人，他双眼凹陷，肩膀像鹰，上半身肥硕，下半身骨感，正在飘然起舞。这个奇人一见有人来，立即垂下双臂隐到石头后面去。卢敖找到他时，他正蹲在龟壳上吃蛤蜊。之后，人们常用“吃蛤蜊”来比喻“不问世事”，后代好多人都写过“不问国事，且吃蛤蜊”。汪元量《鹧鸪天》的最后两句，表达的也是这个意思。

民间有谚语道：“吃了蛤蜊肉，百味都失灵。”蛤蜊用文火煨汤，汤色乳白，味道鲜美；用急火爆炒，肉嫩汁鲜；若是蛤蜊肉加淀粉做成丸子，做蔬菜丸子汤，色美汤鲜，蛤蜊丸子更是唇齿留鲜。读着宋人诗词再来品尝，更是绝美享受，真能忘却烦恼。

参考文献

[1]（清）吴之振，吕留良，吴自牧选 . 宋诗钞 [M]. 北京：中华书局，1986.

[2] 唐圭璋编 . 全宋词 [M]. 北京：中华书局，2009.

[3]（南北朝）贾思勰 . 齐民要术 [M]. 上海:上海古籍出版社，2006.

[4]（元）贾铭 . 饮食须知 [M]. 山西：山西科学技术出版社，2014.

[5]（元）佚名 . 居家必用事类全集 [M]. 北京：书目文献出版社，1988.

[6]（宋）周密 . 武林旧事 [M]. 北京：中华书局，2008.

[7]（宋）孟元老 . 东京梦华录 [M]. 北京：中华书局，1982.

[8]（宋）林洪 . 山家清供 [M]. 北京：中华书局，2013.

[9]（宋）陈元靓 . 事林广记 [M]. 江苏：江苏人民出版社，2011.

[10] 曾懿校注 . 吴氏中馈录 [M]. 北京：中国商业出版社，1984.

[11] 钱仓水校注 . 蟹谱 · 蟹略 [M]. 北京：中国农业出版社，2013.9

[12]（元）忽思慧 . 饮膳正要 [M]. 上海：上海古籍出版社，1990.

[13] 宋元笔记小说大观 [M]. 上海：上海古籍出版社，2007.

[14]（宋）周密 . 齐东野语 [M]. 山东：齐鲁书社，2007.

[15] 陈高华，徐吉军主编 . 宋代民俗 [M]. 上海：上海文艺出版社，2018.

[16] 张静悦主编 . 中国古代民俗 [M]. 黑龙江：黑龙江人民出版社，2004.

[17] 王明德，王子辉 . 中国古代饮食 [M]. 陕西：陕西人民出版社，2002.

[18] 林乃燊 . 中国饮食文化 [M]. 台北：南天出版社，2000.

[19] 张征雁，王仁湘 . 昨日盛宴 [M]. 四川：四川人民出版社，2004.

[20] 马红丽 . 食林广记 [M]. 北京：商务印书馆，2017.

[21] 胡竹峰 . 旧味 [M]. 山东：山东画报出版社，2014.

图书在版编目（CIP）数据

杯盘碗盏溢诗情：宋代诗词里的饮食 / 韩希明著.
-- 北京：北京联合出版公司，2022.1
ISBN 978-7-5596-5650-6

Ⅰ. ①杯… Ⅱ. ①韩… Ⅲ. ①宋诗－诗歌欣赏 ②宋词－诗歌欣赏 ③饮食－文化－中国－宋代 Ⅳ. ① I207.2 ② TS971.22

中国版本图书馆 CIP 数据核字 (2021) 第 212280 号

杯盘碗盏溢诗情：宋代诗词里的饮食

作　　者：韩希明
出 品 人：赵红仕
责任编辑：肖　桓
特约编辑：苑浩泰　时音菠
封面设计：鹏飞艺术

北京联合出版公司出版
（北京市西城区德外大街 83 号楼 9 层　100088）
山东临沂新华印刷物流集团有限责任公司　新华书店经销
字数 107 千字　960 毫米 ×640 毫米　1/16　16.5 印张
2022 年 1 月第 1 版　2022 年 1 月第 1 次印刷
ISBN 978-7-5596-5650-6
定价：36.80 元